60歳から女性はもっとやりたい放題

和田秀樹
Hideki Wada

はじめに

約35年にわたり、精神科医として6000人以上の高齢者と向き合ってきた私は、「高齢者の幸せな生き方」をテーマにした本をさまざまな切り口で執筆してきました。

ひと口に高齢者と言ってもその年齢には幅があり、例えば70代の人と90代の人とでは、送りたいメッセージ、送るべきメッセージには当然違いがあります。だから、私が書いた高齢者向けの本の多くには、特に読んでいただきたい世代を明確にしたタイトルがついているのです。

その中に、老いの入り口に差し掛かった、いわば高齢者の「新人さん」向けに書いた『60歳からはやりたい放題』（扶桑社／2022年）という一冊があります。

タイトルが示す通り、60代からは医者の言いなりにならず「やりたい放題」に生きることこそが、若々しさを保ち、頭の回転を鈍らせないための秘訣であることをお伝えしたこの本は、おかげさまで大変な好評をいただき、その後、「やりたい放題」に生きるためのより具体的なアイデアを盛り込んだ「実践編」も発売されました。

ところが最近になって、私はある重大なことに気づいたのです。

それは、本来であれば第2の人生を楽しむためのターニングポイントとなるはずの60歳を過ぎても、新たな人生への「ターン」がままならない人たちが実はたくさんいるということです。

そう思い至るようになったきっかけは、長年老年医療に関わってきた中で、当たり前のように目にしてきた風景を改めて思い起こしたことでした。

高齢の患者さんの多くは介助が必要なので、ご家族に付き添われて来院されるのですが、その付き添いの家族というのが、本来ならば「やりたい放題」の人生の始めどきであるはずの50～60代の人たち、しかもそのほぼすべてが女性なのです。

振り返ってみればこの状況は、私が浴風会という高齢者専門の総合病院に勤務し始めた1988年以来ほとんど変わることがありません。

1999年6月に「男女共同参画社会基本法」なるものが施行され、近年では性別を理由として役割を分けるような、いわゆる「性別役割分担意識」はタブー視されています。それを少しでも匂わせるような発言やCMの内容、広告のキャッチコピーなどはすぐに激しい批判にさらされる時代ですから、そのような考え方が今後は主流になっていくのでしょう。

ただし、少なくともこれまでの、そして、まさに今の60歳前後の女性は、建前はともかく現実的には、「家事は女性の仕事」「育児は女性の仕事」「親の介護は女性の仕事」という社会的価値観の中で長く生きてきた人たちです。そしてこの世代の人たちを取り巻く環境には、そこだけ世の中から置いてきぼりを食らったかのように、今やタブーであるはずの「性別役割分担意識」がいまだに根強く残っているのです。

それを象徴するのがまさに私がずっと見てきた、そして今も日常的に目にする高齢の家族に付き添う60代女性の姿であり、その姿はどこからどう見ても「やりたい放題に生きる」とは真逆です。

女性を縛り付けるような法律や規則は今やもう見当たらなくなっていますが、中高年以降の女性は日本流の古典的な「道徳」に今もなお、縛られ続けているのです。

もちろん、60代に差し掛かった女性のみなさんが、その生き方を喜んで受け入れていらっしゃるのだとすれば、それもまた一つの幸せのかたちだと言えるのかもしれません。

でも、私にはとてもそうは思えないのです。

なぜなら、私が壇上に上がる高齢者向けの講演会やセミナーに熱心に足を運んでくださるのはその8～9割が女性だからです。

つまり、**女性のみなさんは、「やりたい放題に生きる」とは真逆の状況にありながらも、一方では、より良い生き方を模索する意欲が男性よりずっと強い、**というのが私の偽らざる実感なのです。

そもそも『60歳からはやりたい放題』は、男女問わず、すべての60代の方に向けて書いた本でした。

けれどもそうしたいと強く願っているにもかかわらず、多くの女性のみなさんが、世間の目とか、もはや守る必要などない「道徳」という名の時代遅れの倫理観に、「やりたい放題に生きること」を阻まれているのだとすれば、何よりまず、そこを解きほぐしていただかなければなりません。

だからこそ60代の女性のみなさんの背中をもっと強く押せるような新たなメッセージを改めて発信したい――。そんな思いからこの本を刊行するに至りました。

もちろん近年の風潮としては、女性向き、男性向き、といったカテゴライズがあまり好まれないことは重々承知しています。

でも、医者の立場からはっきりと言えるのは、心の問題にしても、体の問題にしても「性差」というものが必ずあるということです。つまり、女性だからこそ、気をつけていただきたいことがある一方で、女性だからこそ男性ほど気にする必要のないこともたくさんあります。せっかく「女性向け」を謳《うた》うのですから、そのような心身の事情を鑑みた医者の見地からのアドバイスもたくさん盛り込んでお届けしたいと思っています。

この本でお送りするメッセージやアドバイスが、多くの女性のみなさんが「やりたい放題」の人生への「ターン」を実現させ、より自分らしくて幸せな第2の人生を送っていくための一助となれば、著者としてこれほどうれしいことはありません。

さあ、本当に自分らしい「やりたい放題」の人生への第一歩を踏み出しましょう。

2024年4月

和田秀樹

60歳から女性はもっとやりたい放題――目次

第1章　60歳以降が女性の「本当の人生」

第2章　親や夫のしがらみにとらわれない

第3章　無理に痩せると命が縮む⁉

第4章　医者の言いなりにならないで

第5章　知らないと怖い「うつ」のリスクとは？

第6章　前頭葉の活性化で「第2の人生」を楽しむ

第7章　「やりたい放題」生きるのが長寿の秘訣！

第1章

60歳以降が女性の「本当の人生」

「本当の自分」が出しづらい日本

著名な児童精神分析学者であるドナルド・ウィニコットは、ずっと「本当の自己」でいられるのは赤ん坊の頃だけで、その後の成長過程において「偽りの自己」を発達させることで人間は徐々に社会に適応していくという理論を確立しました。

そして実際に私たちは、「社会に適応するため」という大義名分のもと、子どもの頃から「みんなと仲良くすること」を訓練され、中学校や高校、大学でもあらゆる場面で「周りに合わせる」ことを求められます。

大人になってからも、職場では上司の顔色を窺い、同僚とは歩調を合わせ、子どものいる女性であればママ友に合わせ、世間の目を気にしなければなりません。

しかも、本来なら「本当の自己」でいられるはずの家庭の中でさえ「偽りの自己」で多くの時間を過ごしている人もいます。

もちろんそうやって「偽りの自己」を発達させることは人間にとって必要なことでもあり、当のウィニコットも「偽りの自己」それ自体が必ずしも悪いとは言っていません。

仕事や子育ての現役世代の場合は、いい意味で妥協して「偽りの自己」をうまく機能させれば、より多く稼げるとか、子どもをよりいい学校に入れられるなどの社会適応上のメリットを得られることはありますし、夫や子どもに気を使うことだって、夫の出世や子どもの成長というかたちでの幸せや喜びにつながることは確かにあります。

問題は、ウィニコットも言うように**「偽りの自己」でいることが当たり前になってしまい、いつしか「本当の自分」が出せなくなってしまう**ことです。

とりわけ日本のような同調圧力の強い国では、「偽りの自己」でいることを常に自分に強いてしまいがちで、そうなると人生のすべてが、「偽りの自己」で埋め尽くされ、むしろ生きづらさにつながることにもなりかねません。

「第2の人生」のスタートに最適な60歳

けれども率直に言うならば、「偽りの自分」で生き続けるというのは、「偽りの人生」を歩み続けるということです。

だからどこかでそのような生き方を意識的にいったんリセットしなければ、「本当の自分の人生」を取り戻すことはできません。

そのタイミングにもっともふさわしいのが、**仕事でも第一線から退き、子育てもひと段落する60歳前後のタイミング**だと私は思っています。

もちろん何歳であっても、自分を押し殺してまで特定のコミュニティ（会社や職場はもちろん含まれます）にしがみつく必要などそもそもないのですが、仕事や子育ての現役から退くこのタイミングならそういったコミュニティから自分を解放しやすい、というのがその理由です。

つまり「本当の自己」で生きる新たな人生、すなわち、真の意味での「第2の人生」のスタートを切るのに最適なのが、まさに60歳前後だというわけなのです。

女性こそ60歳から「やりたい放題」に生きられる

これまでの人生とはまったく違う種類の楽しさや幸せが詰まった第2の人生を手にいれるコツは、なんと言っても「やりたい放題」に生きることです。
しかも**とても幸運なことに女性の場合は、まさに60歳くらいから「やりたい放題」に生きる「ポテンシャル」が高まる**のだと言ったらあなたは驚くでしょうか。

その鍵を握るのは、何を隠そう**男性ホルモン（テストステロン）**です。

男性ホルモンというのは、筋肉をつくったり性欲を司ったりというイメージが強いかもしれませんが、他にも例えば**意欲を高めるとか、活動的になる、人付き合いが好きになるといった重要な働き**があります。

男女差別うんぬんの話ではなく、例えば企業のトップになるといった上昇志向は男性のほうが強いというのが一般的な感覚だと思いますが、それも男性ホルモンの作用が大きく影響しているのです。

男性ホルモンが増大する更年期以降の女性

実はこの男性ホルモンは、男性の5～10％程度と量は少ないものの、女性の体内でも分泌されていることがわかっています。

女性の場合も、女性ホルモン（エストロゲン）の分泌量が年齢とともに減っていくことはみなさんもよくご存じでしょう。そのせいで不定愁訴《ふていしゅうそ》（原因がはっきりわからないけれど、なんとなく体調が悪いこと）に悩まされやすいのが「更年期」と呼ばれる時期ですが、更年期が過ぎたあとは、女性ホルモンの量は極端に少なくなります。その結果、更年期以降の女性の体内では、男性ホルモン（テストステロン）の量が相対的に多くなるとこれまでは考えられてきました。

ところが、東日本大震災後の調査で実は絶対量が増えていることがわかったのです。

いずれにしても、更年期以降の女性は、体内で増えた男性ホルモンの働きで、より意欲的、かつ活動的になっていくわけです。だから、60代以降の「やりたい放題」には男性より女性のほうが明らかに向いているのです。

やる気が減退する「男性更年期」とは？

実際、世の中を見回してみても、元気なおじいちゃんより元気なおばあちゃんのほうが圧倒的に多い印象があるのではないでしょうか。**私が講師として呼ばれる高齢者向けの講演会やセミナーに足を運ぶ人もほとんどが女性です。これも男性の高齢者より女性の高齢者のほうが意欲的かつ活動的であることの表れでしょう。**

逆に男性は、男性ホルモンの分泌量が25歳くらいをピークに年々減っていくので、かなり個人差はあるものの、歳を重ねることで意欲が減退したり、動くのがおっくうになったりしやすくなります。

そのような症状が顕著になるのが、近年徐々にその名前が知られるようになった「男性更年期障害（＝ＬＯＨ症候群、加齢性腺機能低下症）」なのです。

それに対する対処法を伝えるために、私も「男性更年期を乗り切る！」みたいなテーマで講演会やセミナーでたびたびお話しをさせていただいているのですが、残念なことに客席はいつもガラガラです。

来てくれるのは「この先の更年期が怖いなあ」と思っているような比較的若めの人か、男性ホルモン値が元々高そうで、この方たちは「男性更年期」のリスクはあまりなさそうだなと感じる人たちばかりで、すでに男性ホルモンが大幅に減って「男性更年期」に差し掛かっているような人は、意欲も活動力も減退してしまって、こういう場所に足を運ぶのもおっくうなのだろうなと心配になります。

男性更年期障害の症状が出ていても、男性ホルモンを補充することですぐに元気を取り戻すのですが、「別に注射を打ってまで治したいわけじゃない」と言い出す人もいます。それは「治す意欲」さえ失っていることの表れなのでしょう。

そういう意味で男性更年期障害というのは、女性のそれとは別の深刻さがあるとも言えます。あなたの夫やパートナーがいつもゴロゴロしているとしたら、もしかするとそれは男性更年期障害のサインかもしれません。

本音を言えない相手に嫌われても問題なし

さて、「やりたい放題」に生きるというのは要するに、好きなことややりたいことだけをやり、嫌なことはしないという生き方です。

「遠慮せずに本音で生きる」と言い換えてもいいでしょう。

それとは真逆の人生を歩んできた人ほど、「そんなことをしたら周りの人たちに嫌われてしまうかもしれない」と不安になるかもしれませんが、そうやって心配しすぎるあまり、本音でぶつかることをしないでいると、その人が味方なのか、本当は敵なのかもわからないと思います。

　そもそも**本音を言えない相手とは、今後もずっと遠慮しながら付き合うことになるわけですから、そんなことになるくらいなら、本音でぶつかって嫌われて疎遠になるほうが結果オーライ**だと私は思います。

　しかも嫌われたところで、この世代であれば別に困ることなんてありません。

　例えばママ友にしても、もう子どもは自立しているわけですから、その付き合いがなくなったって何の問題もないはずです。気を使いながら付き合ったところで、特にメリットもないわけですから、嫌われることを気にする必要なんてまったくないのです。

　ご近所付き合いも同様です。

「遠くの親戚より近くの他人」という言葉もあるように、確かに昔はご近所付き合いを大事にしていなければ、いざというときにさまざまなかたちで生活が立ちいかなくなるようなこともありました。

けれども今は、個人的に依頼できる便利なサービスはいくらでもあります。

怪我や病気でしばらく家から出られなくなったとしても、ネットスーパーを利用すれば必要な物はなんでも配達してもらえます。食事を作るのがおっくうならウーバーイーツなどの食事宅配サービスを利用することだってできるでしょう。

何より大きいのは、介護保険制度ができたことです。この制度のおかげで、たとえ介護が必要になったとしても、要介護認定されれば公的な介護支援を受けることが権利としてできますから、仮にご近所から孤立していたとしても、ほとんど困ることはないのです。

60代は新しい友人をつくりやすい

義務感だけの人付き合いは不要である一方で、本当に気の合う人たちとの付き合いは、心身の健康にも良い影響を与え、第2の人生をより豊かなものにしてくれます。

すでにいい距離感で付き合える気心の知れた友人がいるのなら、その人たちとの付き合いを大事にすればいいと思いますが、もしそういう相手に心当たりがないとしても心配することはありません。

なぜなら**60代女性の意欲や行動力を支える男性ホルモンは、積極的な人付き合いも後押ししてくれる**からです。高齢男性は年齢とともに内向きになる傾向がありますが、女性はどんどん外向きになっていきます。

だから、若い頃は引っ込み思案だったとしても、この世代になると新しい友人をつくる意欲は高まっていくのです。

もちろんそのためには、家でじっとしていても始まりません。とにかくいろんなところに出向いて行って、気の合いそうな人がいたら自分から声をかけてみましょう。体を動かすのが好きなら、スポーツクラブなどに行くのが良いと思います。また、趣味の講座なら同じ趣味の人と出会えるので、共通の話題も見つけやすいのではないでしょうか？

年齢を気にせず「やりたいこと」を楽しもう

面倒な人付き合いなど嫌なことは極力避ける一方で、「やりたいこと」には制限をかけてはいけません。

これからの「第2の人生」は、本当の意味での「自分の人生」になるわけですから、誰かに遠慮したり、世間の目を気にしたりしてはうまくいきません。そういう姿勢を改めなければ、これから先も「偽りの自己」で生き続けることになります。

もっとも女性の場合、いい意味で切り替えが早いタイプの方が多いので、「偽りの自己」から「本当の自己」へと自分を変える能力も男性よりずっと高いと思います。

もちろん、それが何より楽しみというのであれば、これまで続けてきた趣味をさらに極めるというのでも良いのですが、もしも、ずっとやってみたかったことや興味を持っていることがあるのなら、ぜひ思い切って挑戦してみましょう。

高齢者の趣味というと、俳句とか絵画、陶芸や蕎麦打ちなどがイメージされ、なんとなく人聞きも良さそうに思うかもしれませんが、そんな固定観念にとらわれては絶対にダメです。

例えば若者文化の代表のようなＹｏｕＴｕｂｅの世界だって、たくさんのシニアが活躍しています。とにかくあらゆるジャンルにいろいろな可能性が広がっているのですから、やってみたいという気持ちがあるのなら、「もう歳だから」など言って二の足を踏んだり、諦めたりする必要はまったくありません。

新しいことへの挑戦が脳を若返らせる

詳しくは第6章でお話ししますが、「新しいことへの挑戦」は、脳の若さを維持するのに大きな効果があります。

つまり、新しいことに挑戦すればするほど、若返ると言ってもよいでしょう。どんなことも「やろうと思えばやれる」という前提で考え、怯《ひる》むことなく、どうすればそれができるのかを考えてみましょう。

これだけインターネットが発達し、あらゆる情報が簡単に手に入る時代なのですから、それを利用しない手はありません。

例えば海外移住とか海外での再就職など60歳以降で挑戦するのは一見難しそう

に思えることでも、うまいやり方を知っている人や、実際にやってうまくいった人が、有用な情報をアップしている可能性は結構高いと思います。

おしゃれに定年はない

例えば、ファッション誌『ＥＬＬＥ』の日本語版として『ａｎ・ａｎ』（現マガジンハウス・旧平凡出版）が創刊されたのが１９７０年で、その翌年には『ｎｏｎ－ｎｏ』（集英社）が創刊されました。『ＪＪ』（光文社）は１９７５年に創刊され、『ＣａｎＣａｍ』（小学館）の登場はそれから６年後の１９８１年です。

つまり、今60代の方というのは物心ついた頃から女性ファッション誌というものが身近にあり、それを購読し実践にうつしてきた世代です。おしゃれに対するポテンシャルもかなり高いのではないでしょうか？

おしゃれに定年などありませんし、シニアが地味でなくてはいけないなんてことはありません。ド派手な服が着たいならそうすればいいし、金髪にしたいならそうすればいい。「若い人はいいわよね」などと羨んだりせず、もちろん「年甲斐もなく恥ずかしい」などと考えたりせずに、自分がしたいファッションやメイクを思い切り楽しめばいいのです。

シニアのプチ整形は決して悪くない

ただし気をつけたいのが「ハイヒール」です。よほど履き慣れている方でない限り、どうしても転倒のリスクがあります。どんなに若く見える人でも、女性の場合は加齢とともに骨が弱くなるので、ちょっとした転倒でも骨折につながりかねません。そして高齢者の場合、骨折が原因で一気に体が不自由になってしまう人が珍しくないのです。

残念ですが、**「ハイヒールには定年がある」と考えておくほうが安心**かもしれません。唯一靴だけは、見た目だけでなく、安全性も考慮して選ぶことをお勧めします。

また、鏡に映る自分にため息をつくより、「なかなかイケてる」と思えるほうが明らかに気分は上がりますから、私は**シニアのプチ整形も決して悪くない**と思っています。シワが気になるなら「ボツリヌス毒素（通常の商品名はボトックス）」という方法もありますし、肌の色艶が気になるなら女性ホルモン補充療法を選択するのもありでしょう。

美容目的の場合は自費診療になる可能性は高いですが、女性ホルモン補充療法は**骨《こつ》粗《そ》鬆《しょう》症の予防にも効果がある**ので、そういう意味ではコストパフォーマンスも悪くありません。

だから検討してみる価値は十分あると思います。

見た目にこだわり続けたほうがいい理由とは?

女性の「第2の人生」を輝かせるのに、**ファッションやメイクが果たす役割はとても大きい**と私は思っています。

もちろんそれは、きれいじゃなければ女じゃないといった、極めて個人的で時代錯誤も甚だしい価値観の押し付けをしたいからではありません。

自分の見た目を気にしなくなった瞬間に、人というのは心身共に一気に老け込んでしまうからです。

これ自体は男性にも言えることではあるのですが、一般的な傾向として女性の場合、ファッションやメイク、あるいは肌のコンディションが「見た目の若さ」

を左右しやすいというのは否定できない事実だと思います。

そして、**見た目が若い人ほど気持ちも若く、体の健康も維持しやすいというの**は、多くの高齢女性を見てきた私の偽らざる実感なのです。

「推し活」はおしゃれ心も刺激してくれる

本質的なことを言えば、おしゃれやメイクをすること自体より、それを必要とする機会をたくさん持つことが、心や体を若返らせる秘訣です。

そういう意味で言うと、**近年流行りの「推し活」もとてもいいこと**だと思います。例えば「推し」がミュージシャンなら、ライブに行くときは最高におしゃれをして出かけたくなるでしょうし、通っているスポーツクラブに推しのインストラクターがいればやっぱりいつもよりメイクにも気を配ったりするわけですよね。

私のクリニックにも、**きれいにメイクをしておしゃれな格好で来てくださる方は結構多いのですが、そういう方はやはり、見た目も気持ちも若々しい**なと感じます。

「若々しく見える」のを自負することや、周りからそう言われることは、高齢者にとって最高の自信につながります。

それによってますます意欲的・活動的になるのは間違いないので、若々しい気持ちや健康ももたらされるのだと思います。そうしてますます若返れば、これほど良い循環はありません。

だからこそ女性のみなさんには、歳を重ねてからもおしゃれやメイクを大いに楽しみ、ストレスにならない範囲で美容にも関心を持ち続けていただければと思います。

第２章
親や夫のしがらみにとらわれない

「第2の人生」を阻む介護問題

せっかく「やりたい放題」の「第2の人生」を始めようとしても、それを阻むかのように待ち受けているのが「親の介護」というイベントです。

男性が介護者となる割合も年々増えているとは言われていますが、厚生労働省の「2022（令和4）年国民生活基礎調査の概況」によると、同居家族の介護者の実に約7割をいまだに女性が占めており、その半数近くは50～60代の女性です。具体的な数字が示されているわけではありませんが、年齢的に見てこの世代の多くは配偶者というより親の介護をしているのだと考えられます。

子育てを経験した女性にとっての50～60代は、子どもが就職なり結婚なりして自立していく頃でしょう。

独身のまま、あるいは結婚しても子どもを持たずにキャリアを積み上げてきた

〔同居の主な介護者〕

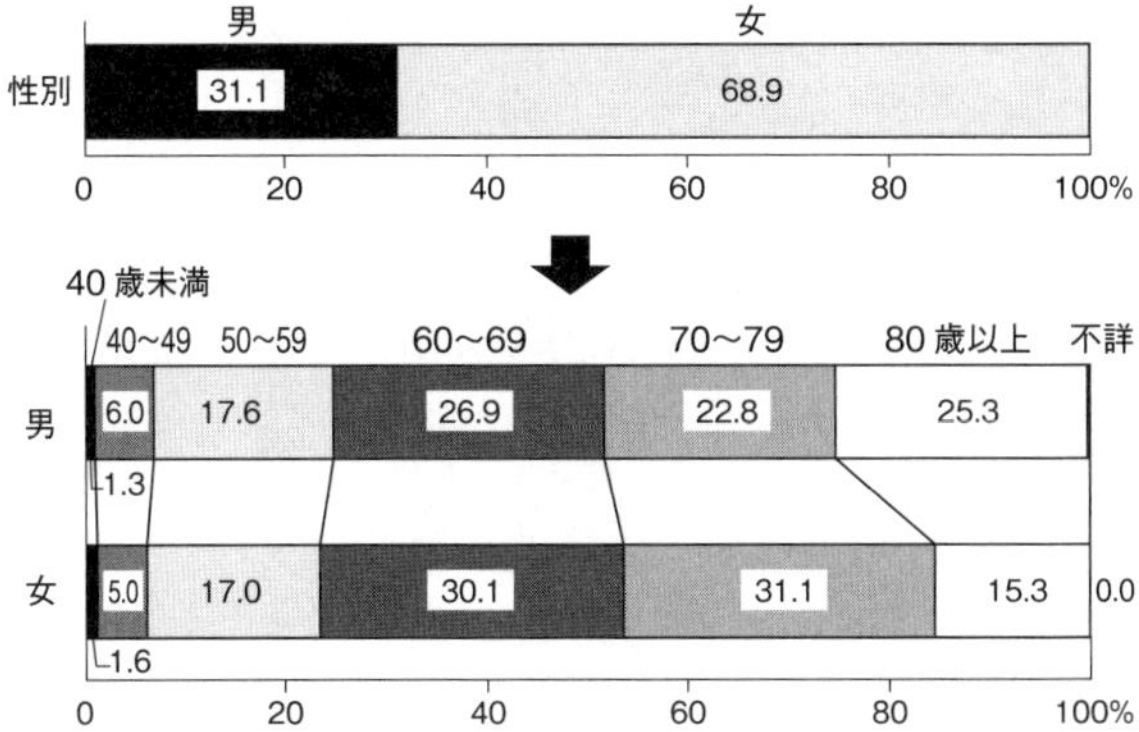

参考：厚生労働省「2022（令和４）年国民生活基礎調査の概況」

女性にとっても、その集大成が近づく時期です。

そして、子育てと仕事を両立してきたという女性なら、その両方に当たる時期だと言えます。

いずれにしても50～60代というのは、これまでひたすら頑張ってきたことからもうすぐ解放されるなとホッとひと息ついて、そろそろ新たな人生について考え始めることができるはずの時期なのです。

ところが現実には、まさにそのタイミングから多くの女性が「親の介護」という新たな役割を担わされているのです。

親孝行は親が元気なうちに

自分の親が認知症になったり要介護状態になったりすると、多くの人たちは在宅で面倒を見ようとします。

不思議なのは、それまで親と会うのは盆暮正月くらいといった人たちまでもが、わざわざ親を呼び寄せたり、いきなり同居を始めたりしてまでも、家族で介護しようとすることです。それは日本にいまだに残る封建的な一面だと言えるでしょう。

育ててもらった恩があるのだから子どもが親の介護をするのは当たり前だ、と思うのかもしれません。でも、だったらもっと親が元気なうちに親孝行しなさいよ、と私なら言いたくなります。自立すると一気に疎遠になり、親に介護が必要になるまで子どもがほとんど家に寄りつかないなんて国は、世界的に見ても珍しいのではないでしょうか。

しかも、たとえ夫の親であっても、妻である女性がその介護の大半を担っているというのが現状です。これは、今や何かと問題視される「性別役割分担意識」以外の何ものでもないでしょう。

年老いた親の面倒を子どもが献身的に見るというのは、傍から見れば美しい話なのかもしれませんが、介護の実態というのはそう甘いものではありません。

特に女性は「何もかも完璧にやらなくては」と自分を追い込んでしまいやすく、そのプレッシャーがメンタルに深刻な影響を与えることが多々あります。

「介護施設に入れる＝かわいそう」は思い込み

だったら誰が親の面倒を見るのか、という話になるわけですが、せっかく介護保険があるわけですし、公的な介護サービスを積極的に利用するのがもっとも理にかなっていると私は思います。

「介護施設に入れるのはかわいそう」という風潮がまだまだ根強い日本では、その選択をすることに罪悪感を抱えてしまう人が非常に多いのですが、決してそんなことはありません。

そもそも、プロが行う介護と素人である個人の介護とでは多くの場合、そのクオリティに大きな差があります。つまり**公的な介護のほうがより良いケアを受けられる**ということです。

介護施設での虐待事件のニュースなどがテレビで繰り返し報道されることも、

介護施設に入れられる高齢者は不幸だ、といった印象を強めているのだと思いますが、実態はまるで違います。

厚生労働省の調査では、２０２１年度の介護従事者からの虐待判断件数は７３５件（通報件数は２３９０件）ですが、家族や親族からの虐待判断件数は１万６４２６件（通報件数は３万６３７８件）で、家族や親族が虐待しているケースのほうが桁違いに多いのです。それどころかアンケート調査では介護家族の３〜４割が虐待経験があると答えています。

この数字だけを見ても、介護施設に預けることが、家族や親族に介護されている人より「かわいそうだ」とは必ずしも言えないことがよくわかります。

家族を介護するとストレスをためやすい

家族で行う介護ではどうしても感情的なもつれが生じやすく、介護するほうにも介護されるほうにもストレスがかかりがちです。

介護というのは肉体的にも精神的にも想像以上に負担が大きいので、「あれをしてこれをして」と当たり前のように指示されたり、不満をこぼされたりすると、「こっちは一生懸命面倒を見てやってるのに！」という思いになるでしょう。最悪の場合、それが虐待という結果をもたらすのだとしても不思議ではありません。

そうなると、虐待されたほうだけでなく、虐待したほうにも深い後悔や心の傷を残すことだってあり得ます。

また、介護されるほうも「家族に迷惑をかけて申し訳ない」という思いが募り、どんどん自分を卑下するようになってしまうことがあります。

そんなことになるくらいだったら最初から介護施設に頼って、定期的に会いに行くという選択をするほうが、どちらにとっても幸せなのではないでしょうか。

ただ、大きな問題は、入居一時金もかからず、比較的安い費用（多くは年金の範囲内）で生活全般の介護を提供する「特養」と呼ばれる特別養護老人ホーム（介護老人福祉施設）の数が圧倒的に不足していることです。

若い女性ばかりを見るフェミニスト

フェミニストを自称する運動家たちは女性の社会進出のために保育園をつくれと大騒ぎします。

そして実際2013年には2万2741人だった待機児童数は、2023年4月の時点でなんと2680人まで大幅に減少しました。さらに、約86・7％の市区町村は待機児童ゼロになったそうですから、これは素晴らしい効果だと言えます。

しかも東京都などは所得制限なしの保育園無償化まで実現させていますから、20代、30代の若いお母さんたちにとって、これほどありがたいことはないでしょう。

一方、2022年4月時点での特養入居待機者数は全国で27万5000人だと厚生労働省は発表しています。

ところが、「50代、60代くらいの女性に大きな負担がかかっているから、もっと特養をつくりましょう」などという話は一切聞こえてきません。

若い女性のほうばかりを見て、シニア女性の苦労になど一切関心を向けないなんて、そんなのは私に言わせれば偽物のフェミニストです。

本来であれば、60代の女性のみなさんも、もっと声をあげていいと思うのですが、先ほども言ったような介護施設に親を入所させることへの罪悪感がそれを躊

躇させているのかもしれません。

「親の介護は当たり前」という思い込み

保育園を求めるお母さんたちに、「仕事をするため」というわかりやすい理由があるのと同じように、シニア女性が特養を求めるのにだって、「自分の人生を生きるため」という正当な理由があります。

だから堂々と声をあげるべきだし、国もそれに応えるべきだと私は思うのですが、仮にそれができたとしても、保育園と同じくらいのペースで特養の数が一気に増えることはあまり期待できないでしょう。

でも、だからと言って諦めてはいけません。

金銭的な余裕があるのなら特養以外の施設を探せばいいし（と言ってもそんな

に高額ではなくなってきています）、あるいは在宅での介護サービスを活用するという手もあります。

預けるところが見つからず、仕方なく家族で介護している、という話はよく聞きますが、それも**「親が要介護状態になったら自分が面倒を見るのは当たり前だ」という思い込み**が根底にあるせいだと私は思います。

だからまずはその思い込みを手放して、とにかく積極的に情報を集めてみてください。そこに時間や手間、場合によっては多少のお金をかけることになるかもしれませんが、長い目で見れば決して無駄ではありません。

定年後の夫ほどやっかいなものはない

親の介護から自由になったとしても、結婚している女性には、別の「問題」があります。

それは、定年退職して、家でダラダラ過ごす夫の存在です。

やっと子どもが自立してくれたと思ったら、働きもしない夫が一日中家にいて、飯だの風呂だの言ってくる。

タレントの上沼恵美子《かみぬまえみこ》さんが告白したことで、**夫の言動がストレスとなり妻の心身に不調をきたす**「**夫源病**」が話題になりましたが、夫の定年前からすでにその兆候が見られた方は、ますます症状が深刻になるかもしれません。

もちろん、深い愛情が残っていればそんな夫の世話も苦にならないのでしょうが、多くの女性は「仕方ないからやっている」というのが本音でしょう。それでも多くの女性は、「誰かの世話をする」ということが長年の癖になっているのか、あまり深く考えることなく、その面倒なタスクをつい受け入れてしまうのです。

平均寿命からすれば夫のほうが先に旅立つ可能性は高いので、それが永遠に続くわけではないにしろ、そのとき、あなたは一体何歳になっていますか？

70代、80代になってから、さあ、やっとこれからは自分の人生だと思っても、そこで自分のやりたいことをゼロから始める体力や気力が残っているとは限りません。もしかすると、自分自身に介護が必要な状態になっている可能性だってゼロではないでしょう。

第2の人生は誰のものでもない「自分の人生」であって然るべきです。その人生の大半を誰かにせっせと尽くすことに費やすなんて、あまりにもったいないと思いませんか？

第2の人生でも夫と一緒にいたいか？

そもそもの話、あなたは第2の人生でも今の夫と一緒にいたいのでしょうか？

『60歳からはやりたい放題』や他の本でも、**「60歳を契機に、このまま結婚生活を続けるか否かを考えるのはとても良いことだ」**と、繰り返し私は書いているのですが、女性は特にその必要があると思っています。

世の中の価値観が変わってきたとはいえ、多くの家庭では相変わらず、女性が男性に尽くす構図になっているのが現実です。

それでも夫が働いているうちなら、仕事に専念できるように夫を支えるとか、家事のほとんどを請け負ったりすることにも多少のメリットはあります。そのおかげで夫の稼ぎが増えていい暮らしができるとか、「勝ち組」の気分を味わえるといった「見返り」を妻のほうも得られる場合がありますから、そうなれば「尽くす」ことは必ずしも損な役割とは限りません。

こういう言い方をすると怒る人がいるかもしれませんが、これは資本主義の世界でいうところの一種の「投資」なのです。

もちろん性的役割の話をしているわけではありません。妻のほうが稼ぎがいいなら、夫が妻に尽くせばいいだけの話です。私が言いたいのは、誰かに尽くしてちゃんと見返りが得られるのであれば、それも決して悪い選択ではないということです。

けれども、相手が定年退職したあとは、その状況は一変します。

はっきり言えば、定年後の夫というのは、ごく一部の人を除いて、たいした稼ぎはありません。それにもかかわらず、夫に尽くし続けることは、この先値下がりすることがわかりきっている株にせっせと投資するのと同じです。

つまり、このタイミングで夫婦のあり方を考え直さない限り、女性は単なる「尽くし損」になってしまうのです。

二人だけの生活がもたらすストレス

若い頃の結婚というのは、学歴や年収、年齢やルックスといった条件を重視しがちです。そのせいで、実際結婚してみると、考え方が合わないなあとか、あまり会話が弾まないなあなどと感じることも多いのですが、その一方で、仕事や子育てに割く時間が多いので、多少相性が悪くても、案外なんとかなるものです。

ところが仕事や子育てがひと段落して、二人だけの生活が始まるとそうはいきません。夫婦間の相性の悪さがこれ以上ないストレスをもたらすのです。

だからこそ、60歳あたりを契機に、「第２の人生でも今の夫と一緒にいたいのか」をちゃんと考えるべきだと私は思っています。

とりあえず気心も知れているし、だいぶくたびれてはきたけど、結構物知りで話していて楽しいし、旅行に行くならやっぱり一緒がいいし、というふうに、概ね「イエス」という前向きな結論を出せるのであれば、そのまま夫婦関係を維持していけば良いでしょう。

相手が「楽しさ」とか「幸せ」という見返りを十分返してくれて、かつ、その人に「尽くす」ことが最高の喜びというのであれば、相変わらず「尽くす」ことになったとしても、それなりに意味のあることなのかもしれません。

楽しくないなら夫の世話なんてしなくていい

でも、絶対に「ノー」ではないけれども、「イエス」とも言えないという場合、あるいは本当は嫌だけど仕方なく尽くしているという場合は、「家事は半々にする」「昼食はそれぞれ自分で用意する」といったルールを決めて、**少なくとも自分が一方的に夫に尽くすとか、我慢するというかたちの夫婦関係からは絶対に脱**

却すべきです。

場合によっては、夫婦としてのかたちは残しつつも、別々に暮らすということを検討してもいいのではないでしょうか。

「夫は何もできないから」などという心配は不要です。また、一人で全部やらせるのはかわいそうだと思ったりしたら、結局自分がかわいそうになるだけです。申し訳ない気になる必要などもまったくなくて、家事だって今や家電をうまく使えばいいだけですし、食事だってコンビニに行けば栄養バランスのいい食事は十分調達できます。ウーバーイーツなどの宅配サービスも充実してきました。

それが楽しいとか幸せとか感じられるのなら話は別ですが、本当はやりたくないと思っているのなら、妻だからといって別に稼いでくるわけでもない夫の面倒を無理に見る必要などないのです。

熟年離婚という決断があってもいい

「第2の人生でも今の夫と一緒にいたいのか」という問いに対し、はっきり「ノー」という答えが出るのなら、**無理して婚姻関係を続ける必要はない**と私は思います。

世間の目が気になるという人もいるかもしれませんが、今や熟年離婚など珍しいことではありませんし、そもそも**世間の目などを気にせずに生きることこそが、本当の自分の人生を生きることであり、第2の人生を充実させるコツ**でもあるのです。

「子どものことを考えると離婚できない」という方が時々いらっしゃるのですが、子どもが小さい頃ならまだしも、すでに自立している子どもに気を使う必要などありません。**自立してさえいれば、親が離婚したって子どもが困るようなことは**

ないはずです。

そもそも子が自立できた時点で「子育て」という責任はもう十分に果たしているのですから、この先はとことん自分本位で構わないのです。

法律は熟年離婚した女性の味方

結婚生活を長く続けてきた人ほど、また、とりわけ専業主婦だった方は、離婚という決断を下すのに、さまざまな不安を覚えるかもしれません。

最大の不安は金銭面だと思いますが、実はそこでは法律がかなり味方になってくれます。

まず、**夫婦の財産分与は基本的に半々だと決められているので、極端な話、そのすべてを夫が稼いでいた場合であっても、また、夫の稼ぎで購入した不動産な**

ども、その半分を妻が受け取る権利が保証されています。

また、２００８年から年金分割制度が始まり、婚姻中に納めた厚生年金は夫婦の共有財産として扱われ、離婚した場合には分割して受け取ることができるようになりました。つまり、妻が専業主婦だった場合でも、夫の給料から保険料が支払われてきた場合には、厚生年金の半分を受け取ることができるのです。

ただし共働きの場合も「婚姻中に納めた厚生年金は夫婦の共有財産」として扱われるので、妻のほうが高収入の場合は、自分がもらえるはずの年金が目減りするので、その点は注意が必要かもしれません。

シニアが働ける場所はいくらでもある

実際に離婚した場合、自分がいくらくらい受け取れるのかを試算してみて、それだけでは心許《こころもと》ないと感じるのであれば、働けばいいだけの話です。

60代であればまだまだ体力がありますし、今や空前の人手不足なのですから、それを利用しない手はありません。

仕事をしていた女性ならその経験を活かすことができますし、ずっと専業主婦だった方も、近年ニーズが高まっている家事代行サービスなどはその経験こそが活かせる仕事です。車の運転が得意ならタクシーの運転手という仕事も良いでしょう。一般ドライバーによる自家用車を使って客を送迎する「ライドシェア」が今後普及していけば、チャンスはより広がるでしょう。

また、その分野の経験が一切なくても応募できる職種は意外なくらいたくさんあります。

今後ますますニーズが高まっていくであろう介護職もその一つですが、報酬を含め、より良い条件で働くためには、「介護職員初任者研修（旧ヘルパー２級）」

は取得しておくことをお勧めします。130時間の講習を受け、修了試験に合格する必要がありますが、難易度は決して高くありません。

いずれの場合も、ものすごい高収入が期待できるというわけではありませんが、年金と合わせれば、将来的な蓄えもできるくらいの収入になるのではないでしょうか。

お金以外の目的が持てる仕事を選ぼう

ただし、60歳以降は「嫌なことはやらない」「我慢はしない」のが鉄則です。

だから仕事を選ぶ際にも、「それが自分にできるかどうか」とか給料の良し悪しより**「それが好きかどうか」「それをやって楽しめるか」「それをやりたいと思うかどうか」**で選ぶほうが良いと思います。

つまり掃除や洗濯が大好きだから家事代行サービスの仕事をしようとか、人と話すのが好きだからファストフード店の店員をやろうとか、人に感謝されたいから介護職員になろうといった、お金以外のモチベーションが持てるかどうかをちゃんと考えることが大事なのです。

実際やってみたら、その仕事があまり合わなくてストレスを感じるようなら、無理に続けず、さっさと辞めてしまいましょう。**「一度始めたことは長く続けなければいけない」などという、自分に余計なプレッシャーをかけるような発想は、第２の人生ではあまり持たないほうがいい**と思います。

先ほども言ったように世の中は空前の人手不足ですから、心配などしなくても、本気で探せば、次の仕事はちゃんと見つけられます。

また、マメに求人サイトを覗いていると、「こんな仕事をやってみたかった！」というものに出合える可能性だってあります。

例えば、好きなミュージシャンのコンサート会場とか、映画の撮影現場のような、一見自分には縁のなさそうな場所にだって、人手不足の昨今、シニアの活躍の場が一切ないとは限らないのです。

そういう面白そうな仕事を見つけたら、すぐに乗り換えるくらいのフットワークの軽さを持つことも楽しく生きる秘訣です。「ここで自分がやめたら周りの人たちに迷惑がかかる」などと遠慮していたら、これまでの「偽りの人生」が延長されるだけ。

好きなことだけをして生きていけるのが、60歳以上の特権なのです。

仕事ができなくなっても心配はいらない

年齢を重ねて体の自由が効かなくなり、思うように仕事ができなくなったとしたら、公的扶助に頼るという手があります。

最初に検討できるのは、65歳以上で老齢基礎年金の受給をしている人の所得が77万８９００円以下になってしまう場合に受け取れる年金生活者支援給付金です。同一世帯の全員が市町村民税非課税であるという条件はありますが、それを満たせば申請できます。なお、所得が77万８９００円を超えている場合でも87万８９００円以下の場合には「補足的老齢年金生活者支援給付金」の給付対象になります。

最終手段としては、生活保護を受給するという方法もあります。

生活保護は収入がゼロの人しか受けられないと誤解している人が多いのですが、実はそうではありません。居住地ごとに設定されている最低生活費を下回っていれば申請は可能なのです。

例えば、東京都の場合、一人暮らしの「最低生活費」の月額は約13万円です。

もっとも低く設定されている地域でも約10万円なので、日本国内であればどこに住んでいたとしても、年金や先ほどあげた年金生活者支援給付金も含めた収入が月10万円未満なら、その差額を生活保護費（家賃補助含む）として受給できます。

生活保護というと申請しても断られるケースが多いという話をよく耳にしますが、高齢者の場合は、要件さえ満たしていれば、申請が通らないといったことはほとんどないと思います

テレビのワイドショーなどは、月7万円で慎ましく生活しているような高齢者の姿を流し、老後の不安を過剰に煽《あお》っているように私には感じられるのですが、仮にその方が東京都に住んでいて、持ち家などの資産がなければ、13万円の最低生活費の差額の6万円はもらえるはずです。曲がりなりにも報道機関なのですから、それをちゃんと伝えればいいのにと思うのですが、アナウンサーもコメンテーターもそういう話には一切触れないのはなぜなのでしょうか？

生活保護を受けるのは恥でも悪でもない

生活保護を受給して月に10万〜13万円の生活ができれば、家賃などを支払ったとしても毎日の食事に２０００円程度はかけられるでしょう。これなら少なくとも食うに困ることはありませんし、隆盛するファストファッションの恩恵を受ければ、着るものに困ることもないと思います。しかも生活保護を受けていれば、医療費や介護保険の自己負担もなくなります。

生活保護を受けることは恥だという考えを持つ方はとても多いのですが、それは本来おかしな考えです。

そもそも困ったときのためにせっせと税金を払ってきたわけですから、それを返してもらうことに抵抗を感じる必要はありません。専業主婦として税金を納める夫に尽くしてきた方も同様ですし、収入が決して多くなかった人であっても、消費税というかたちの税金は必ずずっと支払っています。

実際に受給するかどうかは別として、最終的にはこういう手段もあるのだと知っておきさえすれば、夫から離れて、自分一人の生活を始めることへの金銭的な不安はかなり払拭されるはずです。

セーフティネットは手をあげた人だけに機能する

日本という国は、さまざまな保障や支援の制度が整っており、しっかりとしたセーフティネットが設定されています。第1章でも述べたように一人暮らしで介護が必要になっても介護保険制度を使えば公的な介護支援は受けられますし、多くは年金の範囲内で入れる特養もあります。それらにちゃんと頼ることができれば、それなりに安心して老後は送れますし、人生の最期まで路頭に迷うことはありません。

ただし問題は、そのような**せっかくのセーフティネットが、自ら手をあげた人にしか機能しない**ということです。どんなに困っていたとしても、年金生活者支援給付金も、生活保護も、そして介護保険も、ただ待っているだけでは一切受給はできません。どうかその点はくれぐれも注意してください。

だから**そもそもどういう制度があって、どういうタイミングでどこに何を申請すればいいのかという情報は、早いうちからしっかりと集めておくことはとても大事**です。

また、「なるべく使わせたくない」という思惑が政府の側にあるのではないかと疑いたくなるほど、申請手続きも何かと複雑だったりすることがとても多いので、いざとなったら何をすればいいのかを、頭や気力、そして体力が万全のうちに、しっかりと対策しておきましょう。

「老後の備え」というとせっせと貯金をすることくらいしか思い浮かばない人がとても多いのですが、このようなセーフティネットに関する情報を集めることも、立派な老後の備えの一つなのです。

60代以降の女性にはモテ期がやってくる

思い切って熟年離婚したとしても、この先ずっと一人で生きていくと決まったわけではありません。

60歳を過ぎて新たなパートナーを見つけるのは絶望的などというのは完全な思い込みです。今や、60代以降の恋愛話、結婚話は決して珍しいことではありません。

私の同級生の東大医学部卒の医者も、同窓会で再会したかつての高校の同級生とつい最近、再婚しましたし、そういう話はごろごろころがっています。

　男というのは若い女性ばかりを追いかける、というのも女性側の思い込みで、特に50代以降の男性は、むしろ同じくらいの年頃の女性に安心と魅力を感じることのほうが多いと思います。

　そういう意味では40代くらいの頃が女性は一番悔しい思いをするのかもしれませんが、50代を超えてからは再びモテ期がやってくるのです。

　しかももうこの先は、婚活するにしても若い頃のように相手の条件を最優先する必要はありません。例えば相手がお金持ちであるといった条件はどうしても譲れないということであれば、それはそれでいいのですが、**一緒にいて楽しいか、一緒にいて心地いいか、ということだけを純粋に考えることができるのも、シニアになってからの恋愛や結婚のメリットの一つ**だと私は思っています。

　ちょっと年上でもお金持ちの新たなパートナーが見つかったりすれば、金銭的な不安は一気に解消するのでしょうし、これまで経験したことのないようなリッチな暮らしができるかもしれません。

一方、たとえ一人で暮らすにしても金銭的なことを過剰に心配する必要がないことはすでにお話しした通りです。

だから一人のほうが気楽でいいと言うのであれば、無理に新しいパートナーを探す必要はありません。

もちろん離婚がベストだと言っているわけではなく、今の夫とラブラブのまま過ごしたいと思えばそうすればいいし、婚姻関係は維持したままのほうが何かと安心だから付かず離れずの距離で生きていくという選択をしたっていいのです。

あくまでも大事なのは、第2の人生を誰と過ごすのか、どう過ごすのかを、余計なしがらみにとらわれることなく、自分自身で決める、ということです。

第3章　無理に痩せると命が縮む!?

小太りくらいがもっとも長生きできる

「自分は太りすぎているから健康のためにもっと痩せなくてはいけない」という方はとても多いのですが、本当に痩せる必要がある人は実はごく一部です。

肥満度を示す指標にＢＭＩ（ボディマス指数／Body Mass Index）というものがありますが、これは「体重（kg）÷身長（m）の2乗」で導き出されます。

ＷＨＯ（世界保健機関）と日本肥満学会の判定基準では、このＢＭＩが18・5～25未満が普通体重とされ、ＢＭＩ22が適正体重とされています。

例えば、身長が１６０㎝の方であれば、47・３kg～64kg（未満）が普通体重で、適正体重は56・３kgということになります。

逆に言うと１６０㎝で64kg以上の人は「肥満」とされるので、このあたりの体重の人は「ダイエットしなければ！」という危機感を抱いているかもしれません。

〔肥満度分類〕（日本肥満学会）

BMI（kg/m^2）	判定	WHO 基準
＜18.5	低体重	Underweight
18.5≦～＜25	普通体重	Normal range
25≦～＜30	肥満（1度）	Pre-obese
30≦～＜35	肥満（2度）	Obese class Ⅰ
35≦～＜40	肥満（3度）	Obese class Ⅱ
40≦	肥満（4度）	Obese class Ⅲ

注1）ただし，肥満（BMI≧25）は，医学的に減量を要する状態とは限らない。なお，標準体重（理想体重）はもっとも疾病の少ないBMI22を基準として，標準体重（kg）＝身長（m）^{2} × 22で計算された値とする。
注2）BMI≧35を高度肥満と定義する。

参考：『肥満症診断ガイドライン2016』（ライフサイエンス出版）

中には医者からも「体重を落とすように」と指導されているケースもあるかと思います。

ところが、2006年にアメリカで行われた調査でも、2009年に日本で発表された研究結果でも、統計的にもっとも長生きするという結果が出たのは、WHO（世界保健機関）では「前肥満」、日本肥満学会の判定基準では「肥満（1度）」とされるBMIが25～30（厳密にはアメリカの調査では25～29・9）の人たちでした。身長が160cmなら64kg～

76・8kg（未満）です。

つまり、日本人の感覚からすると見た目には小太りに映るくらいの人たちが、もっとも長生きする傾向があることがわかったのです。

太りすぎより痩せすぎのほうがリスクは高い

だから「自分は太りすぎだ」と思っていても、ＢＭＩが30未満であるなら「健康のためにも痩せなければ」という強迫観念に駆られる必要はありません。

年齢とともに代謝は落ちる傾向にあるので、同じように食べていても太りやすくなるのは自然の成り行きで、しかも統計的にはぽっちゃり体形のほうが長生きできることが実証されているのですから、痩せることにこだわらなくてもいいのです。

高齢者の場合、むしろ心配なのは、ＢＭＩが18・５未満、身長が１６０㎝なら体重が47・３㎏に届かない人です。

先ほどの日本の研究結果では、そのような「痩せ気味」の人がもっとも平均余命（40歳時点）が短いという結果が出ていて、アメリカの調査では「痩せ気味」の人の死亡率（一定期間に死亡する人の割合）は「太り気味」の人の２・５倍という結果が出ています。

高齢者の「食べないダイエット」は命を縮める

日本の女性は長きにわたり、「痩せていることが美しい」という「痩せ信仰」にとらわれすぎていて、多くの女性にとってダイエットは当たり前の習慣になっています。

海外ではそのような「痩せ信仰」に警鐘を鳴らすべく、痩せすぎのモデルを規制する動きが広まっていますが、日本ではまだそのような気配はありません。

だからいまだに多くの女性は食べたいものを我慢して、少しでも痩せようと頑張ってしまうのです。

近年**不妊に悩む女性が増え続けているのも、若い頃から無理なダイエットを続けているせいで、栄養不足が常態化しているのが原因ではないか**という声もあります。

それでも若い頃なら体力があるので、多少栄養が足りていないとしても、拒食症のような極端な場合でなければなんとかやっていけるのかもしれません。

ただし、栄養不足による体へのダメージは年齢を重ねるほどに大きくなります。

つまり、「痩せ気味」の人の寿命が短くなるのも、痩せていること自体に問題があるというよりも、痩せようとするあまり十分な栄養が摂れていないことに原因があるのではないでしょうか。

もちろん十分な栄養が摂れていないことによる、肌や髪の艶がなくなるとか、シワが増えてやつれた印象になるといった美容面での問題も、高齢になるほどより顕著になります。

また、食は人間にとってかなり大事な楽しみなので、それを制限することはかなりのストレスを伴います。そもそも過食もストレスが原因なので、無理なダイエットをすれば、かえって太りやすくなるという面もあるのです。

つまり、60歳以降の女性の場合は特に、無理して痩せたところでいいことなど何もありません。少なくとも**「食べない」ダイエットは厳禁**だと考えてください。

栄養不足に悲鳴をあげるシニアの体

若い頃であれば、必要量に足りていない栄養素があったとしても特に問題は起こったりしないのですが、年齢とともに栄養素の吸収効率が悪くなるせいなのか、高齢者の体は「栄養素が足りていないこと」にすぐに反応します。

例えば亜鉛が不足すると味覚障害を起こすと言われますが、若い頃は意識してそれを摂ろうとしなくても、そのようなことはまず起こりません。

けれども**高齢者の場合は、ほんのちょっと亜鉛が不足しただけでも、如実に味覚障害の症状が出てくる**のです。だから、さまざまな栄養素の必要量をきちんと摂っていなければ、いろいろ困った症状が出てくるわけです。年齢を重ねるほどあらゆる不調が生じるのも、栄養不足による影響が出やすいことと無関係ではないでしょう。

摂りすぎが問題にされがちな塩分も、不足すれば、疲労感や食欲低下といった症状が出てきます。**年齢を重ねるほど、必要なナトリウムを体の外に出さないようにする腎臓の能力が低下して貯留することができなくなるので、必要なぶんまで尿と一緒に排出してしまうこともあります。**ひどい場合には、**血液中のナトリウム濃度が低くなりすぎて、意識障害や頭痛などを起こす低ナトリウム血症にな**ってしまうこともあります。**若い人より高齢者のほうが熱中症を起こしやすいのも、必要な塩分が体内から失われやすいのが原因**です。

栄養不足の原因「フードファディズム」とは?

高齢者の体の不調の原因の多くは栄養不足にあると言っても過言ではありません。

だからこそ年齢を重ねてからは、体に良いものをたくさん摂ることよりも、不足する栄養素がないようにすることのほうが大事なのです。

「この食べ物が健康にいい」とか「認知症の予防になる」みたいな話を聞くと、そればかりをせっせと食べる人は多いですが、同じものばかりを食べていると、栄養が偏ったり、足りない栄養素が出てくる可能性が高くなります。

テレビからの情報に惑わされがちな日本人は、**特定の食品が健康に良いと誇大に信じ込む「フードファディズム」**に陥りやすいのですが、特に高齢者の場合は、同じものばかり食べるのではなく、できるだけ多くの種類の食べ物を満遍なく食べること、つまり雑食が理想的なのです。

栄養不足解消にコンビニを活用しよう

外食や出来合いのお惣菜ばかり食べていると栄養が偏るなどと言われますが、私はむしろ逆ではないかと思っています。

女性は料理が得意な人が多いので、少ない材料でもパパッとおいしい料理を作ることができます。また、冷蔵庫の中にあるものを使い切ってしまおうとして、限られた食材ばかりを食べることになりがちです。

1日30品目摂るのが理想的だなどと言われますが、家庭料理だけでそれをクリアしようとするのはかなり大変なことです。そもそも一人か二人の食事を作るのにいろんな材料を少しずつ用意するなんてことは、コスパ的にも好ましくないでしょう。

その点、**レストランでの食事や、スーパー・コンビニのお惣菜には、多種類の**

食材が使われていて、家では食べない食材を摂ることもできます。だから、外食や出来合いのお惣菜は、多くの栄養素を効率的に、しかも手間もかけずに摂るのにうってつけなのです。もちろん嫌いなものを無理して食べる必要はありません。どうしても足りない栄養素が出てくるなら、サプリメントを活用することをお勧めします。

ラーメンほど体に良いものはない!?

「できるだけ多くの種類の食べ物を満遍なく食べよう」という観点を持つと、選ぶメニューも変わってきます。

例えば、そばとラーメンでは、なんとなくそばのほうが健康に良さそうなイメージがありますが、**私はラーメンほど体に良いものはない**と思っています。

なぜならそばの材料は、蕎麦粉と小麦粉、あとは出汁に使われる鰹節くらいで、残りは水と調味料です。天ぷらそばにした場合なら、いくつかの野菜やエビなどが加わりますが、それでもせいぜい３～４種類でしょう。

一方ラーメンは、スープだけでも、鶏がらや豚骨、それにさまざまな香味野菜が使われます。味を追求するために、10種類以上の材料を使っている店も珍しくありません。麺には小麦粉、さらにはトッピングとして、チャーシューや卵、メンマなども加わりますから、含まれる栄養素の数でいったら、圧倒的にラーメンに軍配が上がるのです。

もちろんカロリーで比較すれば、ラーメンのほうが高いのは確かですが、繰り返しお話ししているように、高齢者は食事を制限して痩せることは御法度《ごはっと》なので、それを気にする必要はまったくありません。

高血糖より危険な低血糖

血糖値が気になるからと、甘いものはもちろん、糖質が多く含まれる炭水化物もできるだけ摂らないようにしているという女性は少なくありません。

確かに高血糖が高じて重症の糖尿病になれば将来的に命に関わることもありますが、高齢者の場合は、**低血糖による害**のほうがはるかに大きいのです。

例えば「朝食抜き」の子どもは成績が下がるとよく言われますが、あれも朝食を抜いたことで昼食を食べるまでずっと低血糖状態が続き、そのせいで脳にブドウ糖が届かず、午前中の授業を受けても頭がよく働かないからです。

血管が軟らかくて糖を吸収しやすい子どもでさえそうなるのですから、多少なりとも動脈硬化が始まっている60歳以上の人にとっての低血糖が、それ以上の悪影響を脳に及ぼすことは想像に難くありません。実際、**血糖値があまりに低くな**

ってしまうと意識が混濁《こんだく》したり言葉が出なくなったり、あるいは失禁したりするなど、認知症のような症状が出てくることがあり、さまざまな体の臓器がダメージを受けたりするリスクも高まります。

私がかつて勤務していた浴風会病院では、**高齢者の場合は高血糖より低血糖のほうがむしろ危険だというのが医師たちの共通認識**で、高齢者の糖尿病に関しては、積極的な治療はしないという方針が取られていました。もちろん併設する老人ホームの入居者なので、必要以上に間食することはなく、それなりに食生活が管理されていたことも関係していたように思いますが、血糖値が高くても生存曲線が下がるということはなく、それどころか、**外来診療時には失禁など認知症の症状が見られた患者さんも、血糖値を下げる薬を減らしたりやめたりすると、認知機能が回復するという例**も数多く見られたのです。また死後の解剖結果から糖尿病の人は認知症になりにくいことも明らかにされていました。そのような事実を鑑みても、やはり高齢者にとって、低血糖の弊害は決して小さくないのだと思います。

久山町研究と呼ばれる福岡県の久山町の住民を対象にした疫学調査では、糖尿病の人のほうが認知症になりやすいという、浴風会病院とは真逆の結果が出ているのですが、実は久山町の場合、糖尿病の患者さんはすべて治療しているとのことなので、要するに薬で無理に血糖値を下げているのです。それが脳にダメージを与え、結果として糖尿病の人のほうが認知症になりやすいということになっているのではないかと私は思っています。

若い頃の１・２倍のたんぱく質を目標に

筋肉や内臓、骨、歯、肌など、体のあらゆる部分の材料となる栄養素が「たんぱく質」です。

そのたんぱく質が不足してしまえば、**体をつくる材料が不足するわけですから、内臓の機能は衰え、筋肉が減って動けなくなり、骨も弱ってしまって骨折しやすくなり、さらには肌のハリもなくなって……と転がり落ちるように一気に老化が進むのは至極当たり前**の話でしょう。

だから老化をできるだけ遅らせて、若々しい体を維持するためには、たんぱく質をしっかりと摂ることがとても大切なのです。

しかも、**たんぱく質は「幸せホルモン」と呼ばれる神経伝達物質のセロトニンの原料**でもあり、第5章で詳しくお話しする、老人性のうつを予防するという意味でも、絶対に欠かすことはできません。

体重が50kgの人なら50g、55kgの人なら55gというふうに、体重の数値分だけのグラム数が、たんぱく質の一日の必要量だと一般的には言われています。

ただし、たんぱく質から筋肉を作る効率は年齢とともに下がっていくので、高齢になるとせっかく摂ったたんぱく質をうまく使うことができません。

だから60歳以上の方は、必要量より多めのたんぱく質を摂るほうが理想的です。目安としては**必要量の1・2倍程度、つまり、体重が50kgの人なら60g、55kgの人なら66g**です。これくらいの量のたんぱく質を3食で摂取できれば、「第2の人生」の資本となるしっかりとした体づくりができるはずです。

なお、年齢を重ねるごとに食が細くなるのは仕方のないことですが、食事では**炭水化物（糖質）よりたんぱく質を優先的に摂る**ようにしてください。そのうえで低血糖にならないよう、間食で甘いものを摂るようにすると良いでしょう。

第4章

医者の言いなりにならないで

医者の言うことにもウソがある!?

60歳をすぎ、さあこれからは第2の人生だと思っても、「自分はいつまで健康でいられるのだろう」と不安になる人も多いかもしれません。

確かに歳を重ねていけば、心身にはさまざまな変化が起こります。若い頃とまったく同じでいられるかと言えば、残念ながらそれは難しいですし、歳を重ねるにつれて老化すること自体は避けられません。

それでも、その事実は事実として受け止めて、適切な対処法を知っていれば、病気を予防したり治療したりすることも、そして、老化を遅らせることも可能です。

ただし問題は、明らかな誤解や古い知識が世の中に蔓延していることです。しかも中には、みなさんが信頼し切っている**医者から発信され、そのように思い込**

まされているケースも多々あります。

だからこそ、健康や医療に対する情報というのは、むやみに信じ込んだりせず、インターネットなどを通じて新しい統計データを集めて慎重に取捨選択する必要があるのです。

コレステロールを制限するメリットはない

ご存じのようにたんぱく質は、肉や魚、乳製品や大豆製品に多く含まれますが、もっとも私がお勧めしたいのは「肉」です。

実際、歳を重ねてもずっと元気で若々しい人というのは、決まって肉をよく食べています。99歳で亡くなる直前までお元気だった瀬戸《せと》内寂聴《うちじやくちよう》さんも肉好きで知られていましたし、沖縄県の高齢者に元気な方が多いのも肉を多く食べているからです。

「たくさん肉を食べてください」という話をすると、コレステロールのことを気にされる方がいらっしゃるのですが、そこには大きな誤解があります。

健康診断などでコレステロールが高いと指摘され、食事に気をつけるように指導されているという人はいまだに多いのですが、そもそも女性の場合、**閉経後にコレステロール値が高くなるのは女性ホルモンの減少によるものなので、言わば一種の生理現象**なのです。

そしてコレステロールを下げたほうがいいとされるのは、それが動脈硬化を促進し、脳梗塞や心筋梗塞のリスクが高まると考えられているからです。しかしながら日本では欧米と違って急性心筋梗塞で亡くなる方は、がんで亡くなる方の12分の1しかいません。

さらに言うと、女性の場合、急性心筋梗塞が原因で亡くなる人は男性の半分程度です。

だから、**女性はコレステロール値を制限する必要はない**という声も多く、私もその意見に賛成です。女性の場合は基本的にコレステロールを下げるメリットはほとんどないと思います。

コレステロール不足で生じるデメリットとは？

それどころか、コレステロール値を下げすぎることで生じるデメリットのほうは、驚くほどたくさんあります。

まず、**コレステロールは男性ホルモンと女性ホルモンの両方の材料**になるので、それが不足すれば、当然これらのホルモンの分泌量も減ってしまいます。

第1章でもお話しした通り、**男性ホルモンは女性の体内にも存在し、意欲や行**

動力を高めるもとになります。60歳以降の女性を元気にするホルモンでもありますから、その材料が不足すれば、せっかく元気になるはずなのに元気になれないということが起こります。

また、ただでさえ年齢とともに減っていく**女性ホルモンがさらに減るとなれば、肌のツヤが失われるといった美容面でのトラブルは避けられない**でしょう。

女性ホルモンが減ることでの深刻な問題としては、骨粗鬆症になりやすくなるということがあげられます。

骨粗鬆症というのは高齢女性が罹患《りかん》しやすい骨の中がスカスカになってもろくなる病気ですが、これを発症すると腰や背中の痛みに悩まされるようになります。痛みと骨がスカスカになっているせいで腰が曲がってしまうこともあり、そうなると一気に老け込んだ印象になってしまいかねません。また、骨が弱くなればちょっとしたことで骨折しやすくなるというのも、高齢者にとっては大問題です。

がんやうつのリスクまで高まってしまう

さらにコレステロールは免疫細胞の材料でもあるので、不足すれば免疫機能の低下という重大な問題が起こります。

免疫機能が下がれば、当然コロナウイルスをはじめとする感染症にもかかりやすくなりますが、実はがんのリスクも高まります。ハワイの研究では、コレステロール値が高い人ほどがんになりにくいという結果も出ているのです。

そもそも免疫機能というのは放っておいても年齢とともに下がっていく傾向にあるのですから、コレステロールの不足によってますます低下してしまうとなれば、高齢者にとってはまさに死活問題になると言っても過言ではありません。

また、コレステロールにはたんぱく質を原料につくられる「幸せホルモン」のセロトニンを脳に運ぶというとても重要な役目もあります。だから**コレステロー**

ルが不足すれば体内のセロトニンがうまく脳に運ばれず、「うつ」の原因になり得ます。実際、コレステロール値が低いグループは高いグループよりもうつ病にかかりやすいというデータもあり、これまでたくさんの「老人性うつ」の患者さんたちを診てきた私自身の経験からしても、コレステロール値の低い人はうつからの回復が遅れるという実感があります。

悪玉コレステロールが嫌われる理由

このような話をすると、「それは善玉コレステロールの話ではないか」と言う人がいるのですが、決してそうではありません。

女性ホルモンや男性ホルモンの材料になるのも、免疫機能を上げるのも、セロトニンを運んでうつを予防するのもすべて「LDLコレステロール」、つまり、

世の中では「悪玉」と呼ばれているコレステロールです。

「善玉」と呼べる部分があるにもかかわらず、なぜ「悪玉」などと呼ばれているのかと言えば、それが動脈硬化の原因となり、心筋梗塞などのリスクを高めることを、循環器内科の医者たちが問題視しているからです。つまり、ＬＤＬコレステロールに悪玉のレッテルをはっているのは循環器内科の医者だけで、たまたま彼らの声が大きいから、世の中で「悪玉」扱いされているというだけの話なのです。日本の医師はアメリカの猿まねなので、循環器の病気が原因で亡くなる人は少ないのに循環器内科の声が大きいのです。

彼らの言うことを聞いて悪玉コレステロールを体から追い出せば、動脈硬化の進行を遅らせて、心筋梗塞や脳梗塞のリスクは下がるのかもしれません。

けれども特に高齢女性の場合は、元気も気力も肌ツヤも失われ、感染症にかかりやすくなり、気分も落ち込み、さらにはがんのリスクまで上がってしまうといった深刻な負の影響を受け入れてまでも、そのメリットにこだわる必要があるとは、私には到底思えません。なぜならこの章のはじめのほうで申し上げたように、そもそも女性は心筋梗塞で亡くなるリスクが欧米と比べてとても低いからです。

多くの医者は「総合的に考える」習慣を持たない

日本の医療は専門分化がどんどん進み、例えば内科一つとっても、「循環器内科」「消化器内科」などと細かく分類されるようになりました。

専門性が高くなるぶん専門的な治療は確かに進化しますが、多くの医者は自分の専門外の分野についてほとんど学んでいないし、学ぼうともしません。**ほとんどの医者は「総合的に考える」という習慣を持っていない**のです。

循環器内科の医者が「コレステロールを減らせ、減らせ」と言ってくるのも、とにかく血管を詰まらせないようにすることだけが目的です。それを減らしたせいで、女性ホルモンが減るとか、うつになりやすくなるとか、感染症にかかりやすくなるとか、いずれがんになりやすくなるとか、そういったことに彼らはほとんど意識を向けません。

そしてコレステロールを無理に下げた結果、心身の別の部分に問題が起きたとしても、そこから先は彼らから見れば専門外なのです。**「ここでは診れないので婦人科に行ってください」**とか**「老年精神科に行ってください」**と、**あちこちたらい回しにされる**のがおちでしょう。

専門分化はコロナ対策にも弊害をもたらした

医療の専門分化の問題が見事に露呈したのが、「新型コロナウイルス感染症対策専門家会議」のあり方でした。

その会議で出される対策は、「とにかく家から出るな」「人と会うな」の一点ばりで、特に重症化するリスクが高いとされる高齢者に対しては、より厳格にステイホームが求められたのです。

でもそれは、当たり前の結論でした。**なぜならその会議の構成メンバーのほとんどが感染症の専門家だったからです。彼らは、感染者数をいかにして抑えるかだけを考えますから、それこそが最善の対策なのです。**そして、当時の安倍内閣はこの「専門家会議」の見解をもっとも重視していた、というより、基本その言いなりで動いていたため、人々は長期にわたり、家に閉じこもる生活を送ることを強いられました。

ただし、そこには、「家に閉じこもってばかりいることで、どういう弊害が起こるのか」という視点が完全に抜け落ちています。

例えば、老年医学の立場から言えば、家に閉じこもってばかりいることで高齢者の足腰や脳の働きが弱ってしまうことが懸念され、精神医学的にはうつを発症しやすくなる可能性も無視することはできません。

さらに私と対談して本を作った免疫学者の奥村康《おくむらこう》先生は、外に出られないストレスや気分の落ち込みは免疫力の低下をもたらし、かえって感染しやすくなるのではないかという話もしていました。そもそも免疫力が下がっている人は抗体が十分つくれませんから、ワクチンもあまり効かないのです。そんなことくらい、感染症学者を名乗るのであれば知っていて当然なのに、彼らは免疫に関してありえないほど無知だったのです。

けれどもこの国では、厚生労働省の役人までもが総合的な判断ができないようで、そんな感染症学者の言うことだけを聞いて、バカのひとつ覚えのようにひたすら「ステイホーム」を強要しました。

本来であれば、「専門家会議」には、感染症の専門家だけでなく、老年医学の専門家や精神医学の専門家、そして免疫学の専門家などもメンバーに入れて、それぞれの立場からの意見を述べ合い、ディスカッションしたうえで、総合的な対策を講じるのが真っ当だったと私は思います。そうすれば、「ステイホーム」という基本方針は変わらなかったとしても、高齢者の「ロコモ（ロコモティブシンドローム＝運動器の障害のために移動機能の低下をきたした状態）」や「フレイル（虚弱状態）」やうつの予防策を併せて検討することもできたはずです。また免疫学の専門家の意見をちゃんと取り入れていれば、感染者数をもっと抑えられた可能性も実はあったのではないでしょうか。

高齢者はあっという間に薬漬けになる

専門分化が進むことの弊害には、特に高齢者に多い「薬の出しすぎ」という問題もあります。

年齢を重ねると体のどこかしらに不調を抱えたり検査数値に異常が出たりすることが多いので、いろいろな診療科を渡り歩いているうちに山のような薬を飲むことになってしまうのは、まさに「高齢者あるある」です。

例えば循環器内科から「血圧が高いから降圧剤を飲んでください」と言われ、頻尿が気になって泌尿器科に行くと別の薬が出ます。腰が痛くなって整形外科に行けばそこでも薬を処方されるでしょう。

マニュアル本を読む限り一つの病気に対して標準治療として推奨される薬は３種類くらいあり、教科書通りの診察をする医者はたいていそれに従います。そうなると3つの病気を抱える人は、この時点ですでに9種類もの薬が出されることになってしまいます。

本来であれば、**患者さんの全体的な様子を見て、どの薬を優先すべきか、どの薬を削るべきか、という判断を誰かがすべきなのですが、どの医者も自分の専門外の病気については自信がないので、その判断ができない**のです。

薬漬け医療に拍車がかかる理由

私自身はできるだけ患者さんの薬を減らせるよう、勉強を欠かさないようにして知識を増やす努力をしていますが、どうやらそういう医者は稀《まれ》なようです。

学会などに行っても、新しく開発された薬の効果の話ばかりで、薬を減らす方法などまったく議論される気配はないですし、それについて教えてくれるようなこともありません。だから結果として薬漬け医療に拍車がかかっているのだと思います。

また、**健康診断をせっせと受けることも、実は薬漬けになる理由の一つ**です。

例えば、一般的に血圧は１４０／90㎜Hg未満が正常域とされるので、健康診断を受けてそれより高い血圧が測定されると、医者によってはすぐに降圧剤を処方するケースがあります。

血糖値も同様で、空腹時血糖値は１００㎎／dl未満が正常域とされ、１２６㎎／dl以上となると糖尿病を疑われ、これまた薬を飲みましょうという話になったりします。

つまり、**特に不調を感じているわけでもないのに、「異常」だという検査結果が出てしまうと、その数値を正常に戻すためだけに薬がどんどん処方されるの**です。

まったく意味のない日本の健康診断

日本の健康診断では「正常」の数値を「健康と考えられる人の平均値」をもとに相対評価で決めているので、それぞれの体質や生活状態は加味されません。だから正常値であっても病気にならないわけではなく、異常値とされた人が病気になるという明らかなエビデンスが存在しない診断なのです。

しかも、健康診断の検査データが正常になったからといって長生きできるというわけでもありません。

労働安全衛生法が施行され、会社が従業員に健康診断を受けさせることが義務化されたのは1972年なので、今の平均寿命くらいの80代の男性の多くは、若い頃から毎年健康診断を受けていたはずです。

一方、80代の女性は専業主婦やパート勤めが長かった人のほうが多いので、大半の女性はほとんど健康診断を受けていません。

ところが1970年代と現在とで比較すると、平均寿命の男女差はむしろ大きくなっています。健康診断が本当に役に立つのなら、ずっと受け続けている男性の平均寿命はもっと延びてもいいはずなのに、現実にはあまり健康診断を受けていない女性の寿命のほうが延びているのです。

健康診断を受ければ、何らかの数値に異常が出ないことのほうが珍しいのでしょうから、結果として余計な薬を飲まされ、寿命が延びない――。

健康診断というものが、一切結果につながっていないのは、まさにそれが原因なのではないでしょうか。

また、高齢者の多い夕張市では大きな市民病院が廃院になり19床の有床診療所となってから、かえってがん、心臓病、脳卒中による死亡が減り、老衰で亡くなる人だけが増えるという現象が起きています。「夕張パラドックス」と呼ばれるこの有名な現象も、健康診断代わりのようなこまめな病院通いが、メリットどころかデメリットをもたらす可能性をよく示唆していると思います。

血圧や血糖値を下げるデメリットとは？

血圧が高いことや血糖値が高いことの弊害もあるにはあるので、薬を使ってそれを下げることにまったくメリットがないとまでは言いません。

ただし、その副作用のせいでかえって体へのダメージが大きくなり、生活の質が保てなくなるケースが実は非常に多いのです。

特に高齢者の場合、多少なりとも動脈硬化が進んでいるので血管の内部が細くなり、そのぶん血流は悪くなります。全身に淀みなく血液を行き渡らせるためにも血圧は高いほうが都合がよく、歳とともに血圧が高くなる傾向があるのもそのせいだと考えられます。

それを薬で無理に下げてしまえば血行不良が起きますから、頭がぼんやりするなどの症状が出たとしても不思議ではありません。

血糖値も同様で、糖尿病の診断基準に該当するからといってやみくもに血糖値を下げる薬を飲むと、高血糖よりある意味危険な低血糖を誘発することがあります。

多くの人は、糖尿病というのは血糖値が上がる病気だと思い込んでいますが、そうではなく血糖値が安定しない病気です。だから**糖尿病の人は、高血糖になりやすいと同時に実は低血糖にもなりやすい**のです。

ただひたすら患者の血糖値を下げようとするバカな医者がいまだにたくさんいるのですが、そのせいで時間帯によって低血糖状態になり、ふらついたり、頭がぼーっとしたりすることに悩まされている方が実はとても多いのです。

骨粗鬆症の薬でかえって骨折しやすくなる!?

高血圧や高血糖自体を、薬を使って一時的に改善したとしても、それが本当に健康長寿につながるのかどうかは、実ははっきりとはわかっていません。

だから、頭がぼーっとするとか、ふらつくといった症状を我慢してまで、薬で無理に血圧や血糖値を下げる必要はないのではないかと私は思っています。薬を飲み続けることで血圧や血糖値が「正常値」になったとしても、他の症状に苦しめられるのだとすれば、果たしてそれは「正常」なのかという疑問も残ります。

薬というものに絶対的な信頼を寄せる人はとても多いのですが、高齢になるほど副作用が起きやすくなることは絶対に忘れてはいけません。

例えば歳をとるとどうしても深い睡眠が減るので、夜中に何度も目が覚めるようになります。それが嫌だからと睡眠薬を飲む人は多いのですが、最近睡眠薬として処方されるのはその大半が睡眠導入剤なので、寝付きは良くなっても、眠りが深くなることはありません。だから睡眠薬を飲んだとしても夜中に目が覚めることにはあまり変わりないのです。つまり、本来の目的は果たせないので、睡眠薬を飲むことにたいしたメリットはありません。

ところが睡眠薬の中には筋弛緩作用が働くものが多く、足がふらつく原因になります。実際、睡眠薬を飲んでも結局夜中に目が覚めて、トイレでも行こうと立ち上がったら、ふらついて転倒するケースは珍しくありません。

また、**女性に多い骨粗鬆症にも薬はありますが、実は胃腸障害という副作用が起こることが多々あります。そのせいで食欲が落ちてしまって栄養状態が悪くなり、かえって骨折をしやすくなる**というのは、高齢者を専門に診る医者の間では有名な話です。

薬の多量摂取で転倒リスクが倍に

多くの種類の薬を一緒に飲むことでどのような作用が及ぶのかはほとんど検証されていないのですが、唯一わかっているのは、**5種類以上の薬を飲むと転倒のリスクが倍になる**ということです。特に女性の場合は骨粗鬆症の傾向もありますから、転倒したら骨折する可能性が高く、それがきっかけで体の自由が利かなくなってしまう危険もあります。これはもう、立派な薬害ではないでしょうか。

近年高齢ドライバーの暴走事故が問題になり、認知機能や判断力の話を持ち出して、あたかも年齢だけが原因であるかのような話になっていますが、そんなことよりむしろ服用している薬が影響していると私には思えてなりません。

高齢者はたいがい何らかの薬を服用していますから、降圧剤で血圧が下がりすぎたり、糖尿病の薬で極端な低血糖に陥ったりしたせいで、意識障害を起こして

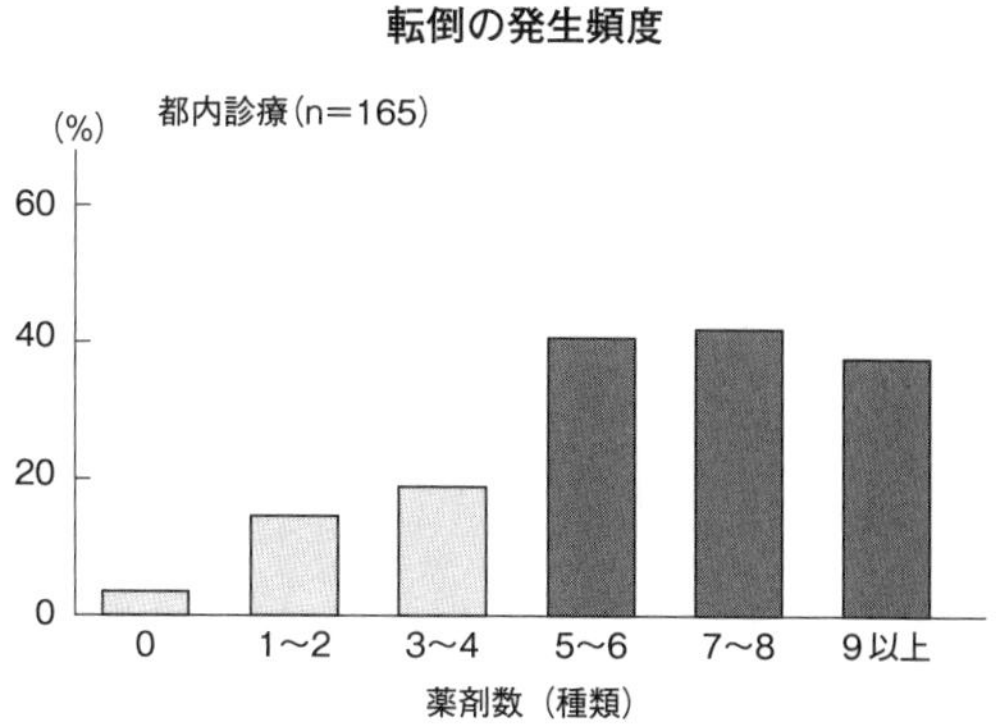

（Kojima T. et al：Geritr Gerontol Int 2012：12：425-30. より引用）

参考：『高齢者の安全な薬物療法ガイドライン2015』（一般社団法人日本老年医学会）

しまったのかもしれません。他の病気の薬のせいでせん妄という意識障害のような症状が出ていた可能性だってあると思います。もちろん意識がもうろうとした状態はとても危険で自動車の暴走事故が起こっても不思議ではありません。

製薬会社に忖度《そんたく》しているのか何なのかはよくわかりませんが、テレビなどでそういう問題に声をあげる人は私の知る限りほとんどいません。そんな重大な問題を一切検証することなく、「年寄りは免許を返納しろ」という空気をつくり上げていくことに私は強い憤りを感じずにはいられません。

薬の相談に乗らない医者は切り捨てよう

医者にもらった薬を言われるがままに飲み続けて、いつの間にか薬漬けになり、むしろ体調が悪くなったり、寿命を縮めたりするリスクはみなさんが想像している以上に高いのです。

この薬を飲むと体調が悪くなるなと思ったら、思い切って量を減らしたりやめたりしてみてもいいと私は思うのですが、自己判断でそれをするのはやっぱり怖いという方もいるでしょう。

だからといって我慢して飲み続けるのは、それ自体もストレスになっていいことは何もないので、どのような症状が出ているのかを処方した医師に必ず相談するようにしてください。

「副反応のようなものだから仕方がないですよ」とか「頑張って薬を飲み続けましょう」と言うような医者は、どれだけ親切そうな顔をしていても、教科書通りの診察しかできないダメな医者だと思います。

うまく言い返すことができず、その医者の言いなりになる方が多いのですが、本当に健康でいたいなら、ダメ医者はさっさと切り捨てて、別に良い医者を見つけるべきです。

理想的なのは患者が苦痛なく、そして、できるだけ生活の質を落とさずにいられるよう親身になって考えてくれる医者です。多くの高齢者を診てきた医者であればそのノウハウを持っている可能性が高いですし、70代・80代になっても良い相談相手になってくれるはずです。

どんなに腕がいいと評判でも、嫌だなと感じる人や、自分には合わないなと感じる人とは無理して付き合わないのが原則であることは、相手が医者であっても同じなのです。

第5章
知らないと怖い「うつ」のリスクとは？

高齢女性を苦しめる「うつ」のリスク

繰り返しになりますが、体内で相対的に増える男性ホルモンの効果で、60歳以降の女性はより意欲的に、そして活動的になります。

ただその一方で、**女性は男性よりも「うつ」を発症しやすい**という事実もあります。それがなぜなのかはよくわかっていないのですが、これは日本に限らず、アメリカでもよく知られた現象なのです。

しかも、**男女間の患者数の差は、60歳以降になるとより顕著**になっていくこともわかっています。

２０２０年の厚生労働省による「患者調査」では、「うつ病・躁うつ病」の患者数を同じ世代の男性と比較すると、60代女性は約１・５倍、70代女性で約２・５倍、80代女性は約２・７倍という結果が出ているのです。

自殺する人の数は逆に男性のほうが多いのですが、自殺にまで至らないから女性のうつは深刻ではないということでは決してありません。

高齢になってからうつを発症すると、食欲減退による栄養不足も相まって心身共にめっきり老け込んでしまうので、残りの人生を真っ暗闇の中で過ごすことにもなりかねません。また、うつに至る過程でのストレスで免疫力が落ちているはずなので、**下手をするとがんを呼び込んでしまうリスク**もあります。

つまり、高齢者にとってうつというのは決して軽視することができない、ある意味、認知症よりも怖い疾患だと私は思っています。

だから、うつを遠ざけるような生活をすることは、60歳以降の女性にとっての大きなテーマなのだと言ってよいでしょう。

年齢とともに「幸せホルモン」は減少する

第3章でも名前が出た脳内の神経伝達物質の「セロトニン」は、**喜びや快楽に関わる「ドーパミン」**や、**意欲や気力、積極性に関わる「ノルアドレナリン」**などの情報をコントロールして、精神を安定させています。またその働きから「幸せホルモン」とも呼ばれています。

このセロトニンの分泌は10代をピークに年齢とともに減っていくのですが、60代になるとさらに著しく減る傾向があります。そして、それに呼応するかのように食欲の異常や睡眠障害といった不調を訴え始める人が多くなります。また、うつの有病率を見ても普通の世代が全体の3％であるのに対して、65歳以上では5％にまで上昇するのです。

これらのことから考えても、高齢者のうつ、つまり**「老人性うつ」の発症には、**

加齢によるセロトニンの減少が大きく関わっているというのが、私も含めた多くの精神科医の考えです。

そして実際、脳内のセロトニン濃度を上げる抗うつ剤は、若い人にはあまり効かないことが多いのですが、40歳以上では比較的よく効きます。これは精神科医としての私の実感でもありますが、これを示すデータは日本のみならず、海外にもたくさん存在します。

セロトニン不足がもたらす不幸な老後

実はセロトニンが不足すると、うつを発症しないまでもさまざまな良くない症状が現れます。

まず一つには、**モヤモヤとした不安が強くなる**ことです。

例えば、またコロナが猛威を振るったらどうしようとか、南海トラフ地震が起きたらどうしようとか、あるいは、振り込み詐欺や闇バイトに襲われたらどうしようといった不安がいつも頭から離れなくなったりする、といったことが起こり得るのです。

また、**痛み刺激に敏感になる**というものもあります。

そうでなくても女性は骨粗鬆症になっている人が多く、背中や腰などに痛みを感じやすいのに、セロトニンが足りていないと、その痛みをより強く感じてしまうのです。

実際、腰痛にずっと苦しめられて、鎮痛剤を飲んでもまったく効き目が感じられなかった方でも、脳内のセロトニン濃度を上げる抗うつ剤を飲むと痛みから解放されるというケースは結構あります。

他にも、**便秘や下痢、頭痛、腰痛、動悸**といった体の不調が現れることもあります。

つまり、十分なセロトニンが維持できるかどうか、いかに不足させないか、というのは、うつの発症うんぬん以前に、幸せな高齢者とそうでない高齢者の分かれ目になるくらい重要なのです。

セロトニンの材料を食事で摂ろう

「老人性うつ」を予防するためにも、また、日々の体調を整えるためにも、セロトニンを増やすような暮らしを意識することはとても大事です。「幸せホルモン」という呼び名の通り、脳内のセロトニンが多くなると、何気ないことにも幸せを感じられるようになりますから、楽しくて充実した「第2の人生」を送るうえで、これほどいいことはありません。

また、抗うつ剤と言っても脳内のセロトニンそのものを増やすわけではなく、あくまでもセロトニンが脳でうまく使えるよう働きかけるものなので、そもそものセロトニンの量があまりにも少ないと、仮に「老人性うつ」を発症した場合でも、抗うつ剤が効かないということになりかねません。

では、どうすればセロトニンを増やせるのかというと、なんと言ってもまずは食生活です。

第3章で「セロトニンの材料はたんぱく質だ」という話をしましたが、もう少し具体的に言うと、**「トリプトファン」と言われるアミノ酸**から合成されます。

トリプトファンは体内では生成されない必須アミノ酸なので、必ず食事から摂らなければなりません。だから、**肉や魚、乳製品や大豆製品などのたんぱく質を多く含む食品**をしっかり摂る必要があるのです。

脳内のセロトニン濃度を上げるには？

ただし、十分な量のセロトニンが生成されて血中のセロトニンの量が増えたとしても、脳内のセロトニンがそのまま増えるわけではありません。脳には、「血液脳関門」と呼ばれる、血液中のものが勝手にどんどん脳に入っていかないようにするバリア機能があり、血中のセロトニンが脳内に入るにはそのバリア機能を超える必要があります。

その際に役立っている可能性が高いと考えられているのがコレステロールで、だから第４章でも、「コレステロールにはセロトニンを脳に運ぶ役目がある」という話をしたわけです。

コレステロールは動物性脂肪に多く含まれるので、たんぱく質も併せて摂るという意味では、肉類がもっともお勧めです。

なお、トリプトファンの一日の必要量は、体重1kg当たり4㎎（成人の場合）なので、体重50kgの人は200㎎、55kgの人は220㎎です。

100g当たりの含有量で言うと、豚ロース肉（赤身部分）は240㎎、牛肩ロース肉（赤身部分）と鶏胸肉（皮付き）がそれぞれ230㎎なので、肉を一日100g食べればトリプトファンの必要量はクリアできると考えていいでしょう。

日光でセロトニンの分泌を活性化

実は脳の中にもセロトニンを分泌するセロトニン神経というものがあるのですが、それを活性化させるのは光です。

暗い部屋の中で一日過ごしていたりすると、誰だって鬱々とした気分になるものですが、それも光が足りないことでセロトニン神経の活性が落ちるからでしょう。北欧諸国などでは冬になると、気分が落ち込んだり、やる気が出なくなったりする「冬季うつ」と呼ばれる症状に悩まされる人がどっと増えるのですが、それも日照時間が短くなることで浴びる光が極端に少なくなるのが原因だと考えられています。

だから脳のセロトニンを増やすためにも、日中は積極的に外に出て日光を浴びることを心がけたいものです。

日常の中のリズミカルな運動もセロトニン神経を活性化させると言われますが、普通に歩くこともそれに含まれますので、**明るい時間に買い物に行ったり散歩をしたりするようにすると良い**でしょう。

とはいえ、もちろん何時間も日光を浴び続ける必要はありません。60代以降になると、紫外線によるシミも若い頃以上に残りやすくなるので、30分くらいを目安にすれば十分です。また、光に反応するのは網膜なので、紫外線が気になるようなら、日傘を差したり、帽子を被るのは問題ありません。

また、天気が悪い日も日中は部屋の中をなるべく明るくするといった工夫も必要です。どうしても外出するのが難しいときは、人工的な強い光を一定時間浴びることでセロトニン神経を活性化させる、うつ病の光療法用のライトもあります。特に高価なものである必要はなく、インターネットで売っているような数千円のもので十分効果は期待できます。

夜に分泌量が増える「睡眠ホルモン」と呼ばれるメラトニンは、セロトニンを原料につくられます。

つまり、日中にたっぷりと光を浴びて脳内のセロトニンを増やしておくことは、睡眠の質を良くするという意味でも、とても大切なのです。

老人性うつの原因はセロトニン不足以外にもある

セロトニン不足によって引き起こされることが多い老人性うつは、「脳が故障した状態」という見方をされることも多いのですが、私は必ずしもそうではないと思っています。

確かに老人性うつは抗うつ剤で脳内のセロトニン濃度を高めてやること、要するに、抗うつ剤を使って脳の故障を修理してやることで、回復するケースはたくさんあります。

ただ、一時的にはそれで元気を取り戻しても、実は再発も多く、中には高齢者でも若い人と同じように抗うつ剤があまり効かない人もいます。

例えば、何年も使っているパソコンがスムーズに動かなくなったとしても、パソコンという機械そのものの故障とか劣化だけが原因のケースはあまり多くありません。むしろ原因の大部分は、パソコンの中でさまざまな情報の処理を行うソフトウエアに生じるバグ（プログラム上の誤り）にあることは、コンピューターに詳しい人なら当たり前に知っていることだと思います。

うつもそれと同じで、脳というハードウエアの加齢というのはセロトニンを減らす原因の一つであるに過ぎず、多くの場合は、脳内のソフトウエアのほうにもうつを発症させる原因が潜んでいるのです。

もちろん年齢とともにセロトニンが減っていくのは事実なので、それを増やすような生活をすることや、場合によっては抗うつ剤を使ってハードウエアの故障を治すことも重要です。

けれども、うつを遠ざけて、健やかな「第2の人生」を送るためには、脳内のソフトウエアがバグを起こさないようにすることも、それと同じくらい、場合によってはそれ以上に大事だと私は考えています。

ストレスをためやすい「不適応思考の癖」とは?

脳内のソフトウエアがバグを起こす原因となるのは、ひと言で言えば**「考え方の癖」**です。

人の考え方はさまざまですが、うつ病の認知療法の創案者でもあるペンシルバニア大学の精神科医アーロン・T・ベックとそのチームは、ストレスをためやすく、うつを発症しやすい人に典型的な思考パターンを「不適応思考」と総称し、12種類に分類しました。それをまとめたのが134ページの表です。

このような「不適応思考」は男性より女性のほうが持ちやすい傾向があるように私は感じています。**男性は良くも悪くも不真面目なので、理屈通りにいかないことに対しても「まあいいか」とあっさり受け入れられる人が多いのですが、女性は基本的に真面目な人が多いので「まあいいか」ではなかなか済ませられない**

「不適応思考」の思考パターン

1	二分割思考	白か黒かをはっきりとわける思考
2	過度の一般化	一つの事象を見て、それが普遍化された一般的なことだととらえてしまう思考
3	選択的抽出	ある一面だけに着目して、それ以外のことを無視してしまう思考
4	肯定的な側面の否定	自分のいいところをことごとく否定してしまう思考
5	読心	根拠もないのに、ちょっとした相手の言葉遣いや態度から「この人はわたしのことを嫌っている」とか、「この人はわたしのことを馬鹿にしているのだ」などと相手の気持ちを勝手に決めつけてしまう思考
6	占い	決まってもいないことに対して予測したら、それが絶対に正しいと思いこむ思考
7	破局視	最悪なことを想定して、そうであるに違いないと決めつけてしまう思考
8	縮小視	出来事のすべてを過小評価してしまう思考
9	情緒的理由づけ	自分の感情状態が、思考の根拠になってしまう思考
10	かくあるべし思考	たとえば「子どもは親の介護をすべきだ」「仕事が終わるまで帰宅してはいけない」と「かくあるべし」の考えに強く縛られる思考
11	レッテル貼り	わかりやすいレッテルをつけてイメージを固定化する思考
12	自己関連づけ	物ごとにはさまざまな要因が絡んでいるのに、自分こそが最大の、あるいは唯一の要因だととらえる思考

参考：『病気の壁』（興陽館）

ケースが多々あるのだと思います。男性よりも女性のほうが「うつ」を発症しやすいのも、そこに原因があるのかもしれません。

高齢になるほど「二分割思考」になりやすい

例えば、あの人はいい人だから信用できる、あの人は悪い人だから信用できないというふうに周りの人を完全に二つに分けたり、完璧にできないならまったくできないのと同じだとする考え方をあなたはしていないでしょうか？

「白か黒か」「100点か0点か」みたいに考える癖が知らず知らずのうちについていると、いい人だと思った人がちょっとあなたを批判するようなことを言おうものなら、いきなり「あの人は敵に回った」というふうに考えてしまいがちです。また、些細なミスをしただけで、「何もかも台無しだ」と感じて必要以上に落ち込んでしまいます。
このような**グレーゾーンを認めない「二分割思考」は、ストレスをためやすく、うつの発症にもつながりやすい「不適応思考」の典型的な一例**です。
また歳を重ねて**脳の前頭葉という部分が老化することで、「物事を決めつける」傾向が強く現れる人**もいます。だからこれまでなら柔軟な考え方ができていた人も決して油断はできません。つまり高齢になるほど陥りやすいというのもこの「二分割思考」の特徴なので、60代以降の女性は特に注意が必要なのです。

落ち込みやすい「かくあるべし思考」

何事においても「こうでなくてはいけない」「これをやってはダメだ」という**ように杓子定規にとらえる思考が「かくあるべし思考」**です。常識にとらわれすぎる人、何事もこれが正しいと決めつけがちな人は、まさにこの思考パターンだと言えます。

介護は子どもである自分がやるべき、夫には死ぬまで添い遂げるべき、妻なのだから家事は完璧にやるべき、子どもには迷惑をかけてはいけない、世間の人たちに後ろ指をさされてはいけない、というふうに真面目な女性ほどこの思考に陥りやすいと言えますが、そういう人は必要以上に自分を追い込んで、理想通りの自分でいられないときには激しく落ち込んだりします。

また、「かくあるべし思考」が癖になっている人は、「こうでなければいけない」という定式にしたがっていないことすべてに嫌悪感を抱くので、自分以外の人の言動にまで敏感に反応するケースが大半です。

例えば、「家の中はきれいに片付けていなければならない」という「かくあるべし」にとらわれすぎている人は、自らが掃除や片付けを完璧にやろうとするのみならず、夫が物を出しっぱなしにするとか、孫がきて部屋を散らかすといったことにもイライラしてしまいます。

いずれにしてもこの思考パターンが当たり前になると、ストレスはたまる一方なのです。

うつの予防には「不適応思考」の修正が大切

考え方の癖というのは、子どもの頃からの積み重ねで、知らず知らずのうちに身につくものです。また、**うつは決して遺伝する病気ではありませんが、親の思考が子どもの思考に影響することが多いので、うつになりやすい思考パターンの親に育てられた人は、同じような思考パターンになりやすい**という面は確かにあります。それが遺伝のように思われてしまうのです。

もちろん「二分割思考」や「かくあるべし思考」も含め、１３４ページにあげた12種類の「不適応思考」からは一切無縁だという人なら、歳を重ねてセロトニンが減り、それをうまく使えなくなったとしても、うつを発症するような事態にはなりにくいと思います。少なくとも、この章の前半にお話ししたような、セロトニンを増やす暮らしをしていれば、心配はまずいらないでしょう。

ただし、多少なりとも自分に当てはまる部分があるとか、あるいはそういう親に育てられたという自覚がある場合は、たとえ若い頃はうつなど自分とは無縁だと思っていたとしても、60歳以降は加齢によるセロトニンの減少と相まって、老人性うつを発症してしまう可能性は決して低くありません。

だからセロトニンを増やすことはもちろんですが、それと合わせて「思考の癖」のほうもうまく修正していく必要があるのです。

「やりたい放題」に生きて、うつと無縁に

思考の癖を治す方法として有効なのが「ものの見方」を変える認知療法で、そこから発展した認知行動療法はうつの精神療法の主流になっています。

60代での「生き方のリセット」というのは、要するにストレスをためない方向へと「ものの見方」を大きく変えることでもあるのです。

つまり、嫌なことはやらずに好きなことだけをして、「やりたい放題」に生きることは、60歳以降の女性のメンタルを安定させ、うつを遠ざけるための最高の秘訣でもあると言えるでしょう。

第6章　前頭葉の活性化で「第2の人生」を楽しむ

日本は「不適応思考」の温床

精神科医として日々感じるのは、**日本という国の環境が、うつになりやすい「不適応思考」の温床**だということです。

そういう環境をつくり上げているのが大手メディアの姿勢で、その象徴がワイドショーの類《たぐい》でしょう。

高齢者が交通事故を起こすと、ここぞとばかりに、その事故の被害の大きさとは無関係に「また高齢ドライバーが暴走した」という伝え方をします。だからなんとなくテレビを見ているだけだと、高齢者が次々と事故を起こしているかのような印象を植え付けられますが、事実はそうではありません。

左ページの図を見ていただければ一目瞭然だと思いますが、65歳以上の高齢ドライバーが過失の重い第一当事者となる事故の発生件数は平成25年をピークに減

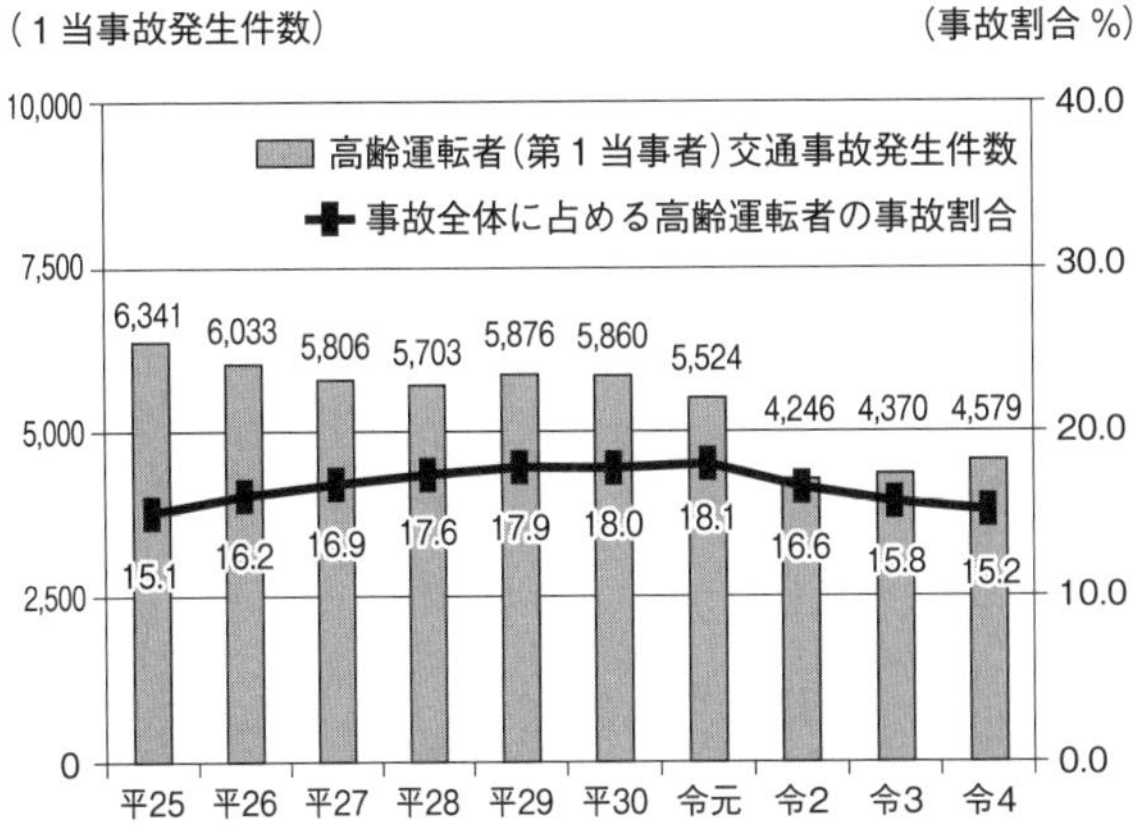

参考：「防ごう！高齢者の交通事故！高齢運転者（第１当事者）の交通事故発生状況（令和４年中）」警視庁

少傾向にあり、特に令和に入ってからはガクッと数字は減っています。

また、高齢ドライバーが事故を起こす割合も令和４年は15・２％ですから、圧倒的に多い残りの84・８％は若い世代が起こしているのです。これは高齢者が人口の30％近くいることを考えるとむしろ少ないと言えるでしょう。

けれども、そんな事実は決して伝えられることはありません。しかも、その背景に何があるかという話をするほどの十分な時間は与えられていないコメンテーターも、端的にまとめたコメントしかしないので、当たり前のように「高齢者の運転は危ない」という結論が出されてしまいます。**だから視聴者も、ごく一部の高齢者が事故を起こしただけなのに、「すべての高齢者がそうである」というふうに思い込んでしまいます。**

これは、まさに典型的な「過度の一般化」です。

それ以上に問題なのは、このような「過度の一般化」が定着してしまうと、世の中全体がそれを判断基準にした「二分割思考」に陥ってしまうことです。

つまり、「高齢者の運転は危ない」ことが事実に反して一般化することで、「高齢者の運転は悪」と決めつける人が増えていきます。しかも「悪」とされることは徹底的に叩いていいと考える人たちがこの国には山ほどいるので、それに反論することさえ「悪」として扱われます。その結果、「二分割思考」はますます進み、世間では「高齢者は免許を返納すべきだ」「親には免許返納を勧めるべきだ」という「かくあるべし思考」までもが出来上がっていくわけです。

ワイドショーは話半分で聞こう

高齢の女性が「不適応思考」に陥りやすく、さらにはうつを発症しやすいのも、そのような思考へと誘導するワイドショーを見ることが習慣化している人が多いせいではないかと私は思っています。

テレビにしろ何にしろ、それが見たいのであればもちろん好きに見ていただいて構いませんが、**少なくともワイドショーの類を見るときは、話半分で聞くくらいの心がけが必要**です。言っていることをそのまま信じ込んでいると、知らず知らずのうちに「不適応思考」に陥り、場合によってはうつを発症してしまいかねません。

そもそもその分野においてはど素人のコメンテーターが公共の電波で、感染症とか地震とか経済政策の話をするなんてことは他の国ではあり得ないことですし、彼らは視聴者を必要以上に怖がらせたり、悲しませたり、怒らせたりする、言わば「感情の増幅装置」なので、それにまんまとハマってしまえば、余計な不安や恐れ、そして怒りが膨らんでそのぶんストレスもたまるでしょう。

だから個人的には、ワイドショーのコメンテーターの言うことは全部ウソだと思うくらいでもちょうどいいと思っています。

萎縮した前頭葉を活発に働かせるには？

ワイドショーに限らず、なんでもかんでも信じ込んでしまうのは、脳の老化予防の観点から見ても決して良いことではありません。

脳の表面にある「大脳皮質」の41％を占める前頭葉は、主に思考や記憶、そして判断を司り、論理的思考や感情のコントロールなどにも大きく関わる、いわば「人間らしい機能」を担う部位です。

脳というのは年齢とともに縮んでいきますが、中でも**前頭葉は萎縮が始まるのがもっとも早い**と言われています。

ＣＴなりＭＲＩなりで撮影すればどのくらい萎縮が進んでいるかはすぐに調べられるのですが、正常な人の場合、同じ年齢であれば縮み方自体にはあまり個人差がありません。つまり、歳をとったらとったぶんだけ、誰の脳も似たように縮んでいくのです。

ところが前頭葉の萎縮がすなわちそのまま前頭葉機能の老化を意味するかと言えば、必ずしもそうではありません。

画像の上では一見同じように前頭葉が萎縮していても、見た目通りにその機能が著しく低下して認知症の症状が出始めている人がいる一方で、その見た目からは想像できないほどの思考力や記憶力、判断力などを若い頃と変わらないレベルで発揮し続けている人も一定数いるのです。

この差はどこから生まれるのかというと、**その部位を普段から活発に働かせているか否か**です。

誰かの言いなりになったり、メディアの言うことを簡単に信じ込む人は、自分で思考したり、判断したりすることをサボっているのと同じです。つまりそういう態度でいる限り、前頭葉はほとんど使われません。

日本では、先生とか親とか権力者の言うことを素直に聞くように教育されて大人になるので、多くの人たちは前頭葉をほとんど使うことなく、日々暮らしています。ワイドショーのコメンテーターが言うことを素直に信じる人がたくさんいるのもまさにそのせいだと思います。

前頭葉機能は何歳からでも取り戻せる

60代ともなれば、前頭葉の萎縮はそれなりに進んでいることは間違いありません。でも、先ほども話したように、たとえその部位が萎縮し始めているとしても、脳の老化を食い止めることは可能です。

しかも、**これまであまり使っていなかった部位でも、かなり高齢になってからでも、意識して使うようにすることで、本来の機能をちゃんと取り戻せるのが脳の素晴らしい特徴**なのです。

若くてもほとんど前頭葉を使わずに生きている人は世の中にたくさんいますから、仮に３割縮んでいたとしても、残りの７割をしっかり使えば、若い人より活性化した前頭葉を手に入れることだって不可能ではありません。

ではどうすれば前頭葉を刺激できるのかと言えば、まずは**いつも自分で考える**

癖をつけることです。

ワイドショーを見るにしても、コメンテーターの言っていることを簡単に信じ込んだりせず、他の可能性なども検証したり、インターネットで調べたりしたうえで、本当に信用できるかを自ら考えてから判断することをぜひ心がけてください。言葉は悪いかもしれませんが、どんなに有名な人がどれだけもっともらしいことを言っていたとしても、まずは疑ってみることが大事なのです。他人が言うことにまったく疑問を感じることがなければ、前頭葉はほとんど刺激されません。

またこうしなければならないという常識で動いたり、ただ周りに合わせたりするのではなく、「自分がやりたいことをやる」という姿勢を持っていれば、自然と自分の頭で考える癖もつきます。

つまり、60歳以降の「やりたい放題」は脳を刺激するという意味でも、大きなメリットがあるのです。

前頭葉の衰えは意欲の低下につながる

前頭葉の重要な働きの一つに、変化への対応というものがあります。**生きていれば想定外のことにたくさん出合いますが、そういうときに活発に働くのが前頭葉です。**人間がさまざまな社会の変化に柔軟に対応できるのは、まさにこの前頭葉機能が優れているおかげで、それがあったからこそ人類はここまで一番進化したかたちで生き延びてきたわけです。

その前頭葉が衰えてくれば、想定外の事態への対応は当然難しくなります。歳をとると、新しいことをするのがおっくうになり、行きつけの店にしか行かなくなるとか、同じ著者の本しか読まなくなるとか、同じ人としか会わなくなるといったことが起こります。それも前頭葉の老化によって、変化への対応能力が衰えているため、新しいことを行うのを避けるからだと考えられます。また、決めつけや思い込みが激しくなるのも、新しい考え方とか意外な話をなかなか受け入れられないせいなのです。

変化への対応がうまくいかないと、余計なことはやりたくないので、徐々に意欲も低下していきます。

ホルモンの働きとしては、60歳以降の女性は意欲的になれるはずなのに、そうなれないのだとしたら、あなたの前頭葉は衰え始めているのかもしれません。

幸せな老後を送るのに大切なのは前頭葉の若さ

極端なことを言えば、前頭葉を使わなくても生きてはいけます。また、知能を司るのは脳の別の領域なので、前頭葉が衰えたとしても読み書きができなくなるとか、計算ができなくなることもありません。

また、脳の老化というと、物忘れがひどくなるとか、計算ができなくなるとか、あるいは難しい本が読めなくなるということをイメージするかもしれませんが、実はそういう一般的な知能の部分は歳をとってもそう大きくは低下しません。

物忘れは確かに少しずつ進みますが、認知症にさえならなければ、計算をするとか難しい本を読むといったことは、80代でも十分できます。

脳の老化で問題になるのは要するに、思考力や記憶力、判断力が維持できなくなることによる「意欲の低下」なのです。

逆に前頭葉が若々しく保たれてさえいれば、**新しいことにも意欲的に挑戦できるようになり、退屈な老後とも無縁**になります。60歳以降の人生を楽しく送れるかどうかは、**前頭葉の若さ**にかかっていると言ってもいいでしょう。

だから幸せな老後のためにも、前頭葉の老化はなんとしても食い止める必要があるのです。

毎日の「実験」で前頭葉は活性化する

そうするのが楽だからと言って昨日までと同じ暮らしを続けていると、前頭葉はまず刺激されません。たまにはのんびりすることも大事ですが、それだけだと前頭葉が衰えて、意欲がどんどんなくなっていくので、ただ退屈なだけの第2の人生を送ることになってしまいます。

前頭葉を活性化させるのに大事なのは、**毎日が実験だと思って新しい場所に行ったり、初めてやることとやちょっと難しそうなことにどんどん挑戦したりすること**です。

「卵が先か、鶏が先か」みたいな話ではあるのですが、このような刺激こそがもっとも前頭葉を活性化させるのです。

もちろん前頭葉をこれまであまり使ってこなかった人や、すでに老化が始まりつつある人は、最初はおっくうに感じることもあるでしょう。でも、前頭葉がひとたび活性化すれば、どんどん意欲的になっていき、生きることがもっと楽しくなるのです。

「実験」と言っても難しく考える必要はありません。

今まで行ったことがないレストランに入ってみるとか、食べたことのないものを食べてみるとか、散歩のコースを変えてみるとか、はたまた、髪の毛の色を思い切って変えてみるとか、今まで着たことのない派手な色の服を着て出かけてみるとか、そういったことで十分です。

例えば料理なら、普段のレシピ通りに作るのではなく、普通に考えたらあり得ない調味料を入れてみるというようなことも面白いのではないでしょうか。

普通だったらラーメンとマヨネーズはどう考えても合わないだろうと思うでしょうが、そういうことをあえてやってみるわけです。どんな味になるかわからないことにワクワクすることだけでも脳のいい刺激になりますが、仮にまずかった場合に、じゃあ、これに何を加えたらおいしくなるだろうと「実験」を組み立てなおしたり、繰り返したりすれば、前頭葉はどんどん活性化していきます。

逆に最初から成功することがわかりきっているものは、真の意味での「実験」ではないので、**成功するか失敗するかわからないことに挑戦することが大事**なのです。

ちなみに「マヨネーズラーメン」は高知のいわゆるB級グルメとして実際に存在していて、私も食べたことがあるのですが、意外なくらいおいしくて驚きました。こんな意外な組み合わせを最初に思いついた人というのは、かなり活性化した前頭葉の持ち主なのだと思います。

脳を鍛えるなら脳トレより家事

脳トレや脳活のために、数独やパズルなどをせっせとやったり、難しい本を読んだりしているという人は多いかもしれません。

確かに数独を毎日やっていれば数独の能力は上がります。パズルをやるのを習慣にしていれば、パズルの腕も上がります。難しい本をたくさん読んでいれば、もっと難しい本が読めるようになるかもしれません。

ただし、腕の筋トレをどれだけ頑張っても足腰が鍛えられないのと同じように、特定のことばかりやっていると、脳の特定の場所を鍛えることしかできません。脳のパフォーマンスを維持するには、脳をいろんなかたちで使うようにすることが大事です。

そういう意味では、脳トレ本などでピンポイントに鍛えようとするより、さま

ざまなタスクの組み合わせである仕事や家事を通じて、脳を全体的に鍛えることのほうが効果的です。

車の運転も脳を鍛えることにつながるので、年齢だけを理由に免許を返納するのはもったいないことだと私は思います。第4章にも書いたように、多くの薬を服用している場合はやはり注意が必要ですが、それでも運転を完全にやめてしまうより、薬を見直したり、安全装置などを盛り込んで事故を起こしにくい車に買い替えるなどして、運転の機会を維持するほうが心身共に元気でいられるでしょう。

アウトプット主体で脳を若返らせよう

もう一つお勧めしたいのは、アウトプット主体の脳の使い方を心がけることです。

たくさんの本を読んだり、新聞を読んだり、映画や舞台を見るといったインプットも脳の刺激にはなるのですが、もっと脳が活性化するのは、そうやって得た情報を自分なりにアレンジしながらアウトプットすることです。

例えば本で読んだ内容を友人や家族にちゃんと伝わるように話そうとすれば、頭の中で論理的に組み立て直したり、相手によって表現を変えたりするなど、何かしらの「作業」が必要です。友人に話すときはちょっとユーモアを加えたりするほうが興味を持ってもらえるでしょうし、幼い孫に話して聞かせるには噛み砕いた表現を使う必要もあるでしょう。

こういう創意工夫をたくさん生み出すことこそが、最強の脳トレになるのです。

今や誰もが発信者になれる時代なのですから、思い切って**ブログやＹｏｕＴｕｂｅチャンネル**などを立ち上げて、不特定多数の人に向けてアウトプットしてみるのもいいと思います。料理が得意ならそれを紹介するとか、ファッションが好きならそれについて語ってみるとか、編み物が得意なら何か技を披露するとかテーマはそれこそ無限にあります。XやInstagramなどのSNSを活用するのもいいでしょう。

なんてことのないことが意外にウケたりすることもありますが、ブログやYouTubeの場合は、たくさんの人に見てもらおうとすれば、いかにオリジナル感を出せるかが勝負になりますから、脳は嫌でもフル回転するはずです。それで収入まで得られるのだとすれば、それこそまさに一石二鳥でしょう。

個人に向けるにせよ、不特定多数に向けるにせよ、相手から何かしらのレスポンスがあるのもアウトプットのいいところです。それに対して、こちらもレスポンスを返す、また相手からレスポンスがある、ということを繰り返すこともできますが、こういうコミュニケーションも脳にはとてもいいのです。

コミュニケーションには相手が必要ですが、今やインターネットを通じていろんな人といくらだってやり取りできる時代なので、身近に相手がいなくても、工夫次第でそういう機会はいくらでもつくることができます。

自分から話すより聞くほうが好き、あるいは静かに本を読むのが好きというインプットタイプだったという方も多いかもしれませんが、60歳を機に、アウトプット主体の脳への転換にぜひチャレンジしてください。

そうすることで、第2の人生が圧倒的に楽しくなるはずです。

第7章

「やりたい放題」生きるのが長寿の秘訣！

「60歳からはやりたい放題」こそが最高の生き方

日本人の死因の1位は男女ともに「がん」です。

つまり、確率論から言えば、**いかにがんを防ぐのかが長生きの秘訣**になるということです。

がんの最大の危険因子はストレスで、ストレスをためやすい人ほど免疫力が下がり、がんを発症しやすいという説が有力です。だとしたら、そのストレスをできるだけためないようにすることが、結果として長生きにつながるのだと私は思っています。

ただ、ストレスはないほうがいいとわかっていても、現役でバリバリ働いたり、子育てに奮闘したりしているときは、それを減らそうとしてもなかなか難しいというのが実情でしょう。嫌なことだって我慢しなくてはならないことも多いですし、上司の顔色を窺ったり、苦手なママ友とだって付き合ったりせざるを得ないので、ほとんどの人はこれまで多くのストレスと闘いながら日々生きてきたのだと思います。

けれども、仕事や子育ての第一線からは解放される60歳以降なら、自分の心がけ次第でストレスをうんと遠ざける生活を送ることは決して難しくはありません。

それがまさに、これまで本書の中で繰り返しお話ししてきた、好きなことだけをして嫌なことはやらない、という「やりたい放題」の生活です。

つまり、**「60歳からはやりたい放題」は、うつを遠ざけて第2の人生を充実させ、さらには長生きをもたらすことも期待できる、最高の生き方**なのです。

インチキ道徳になんて縛られなくていい

「やりたい放題」の生活とは、**道徳や常識に縛られない生活**のことです。

今や政治家たちだって、道徳なんてろくすっぽ守っていないのですから、一般の人たちだって、インチキ道徳に縛られる必要なんてありません。

特に60歳以降の女性たちはこれまで散々、実際にはあまり機能していないインチキ男女平等のせいで窮屈な思いをしてきたのですから、グルメでも旅行でも恋愛でも、ここから先はもっと好き放題に楽しむべきだと私は思います。

仕事を持つにしても、責任を過剰に背負い込む必要はないので、多少お金がたまったらしばらく休みを取って贅沢旅行に出かけ、また別の楽しみのために仕事をして、お金がたまったらまた休んで、というような昔なら常識が邪魔をしてできなかった自由な働き方だって、60歳以降ならそのハードルはグッと下がるのではないでしょうか。

「健康のため」にする無理な運動は逆効果

体を動かすのが好きならば、スポーツを楽しむのもいいでしょう。

最近は高齢者でも気軽に通えるスポーツクラブが人気ですし、そういう場所に行けば、親しい友人もできて、生活にもハリができるでしょう。

ただし、筋肉痛になるほど自分を追い込む運動はむしろストレスになったり、60歳以降の激しすぎる運動は活性酸素が過剰に発生して、老化を促進させたりすることもあるので、その点は少し注意が必要かもしれません。

逆に**運動が苦手な人が、「健康のため」という目的で、いやいや運動するのはストレスのもと**です。

もちろん体を一切動かさないでいると、筋力が著しく低下して、体の自由が利かなくなるので、運動自体は大事なのですが、だからと言って「運動、運動」と大袈裟に考える必要はありません。

買い物がてらちょっと遠くのスーパーまで散歩に行くとか、ウィンドウショッピングをしながら街の中を歩くとか、そういうことだって立派な運動なのです。外に出れば太陽の光も浴びられるので、幸せホルモンのセロトニンの分泌も促され、気分も明るくなるでしょう。

一日あたり1万歩を目標に、などとよく言われますが、歩数を目標にするとただの義務になってしまって歩くのが嫌になってしまいます。だから、歩数のことはあまり気にせずに、買い物の手段として歩くとか、別の楽しみも持ちながら歩くほうが、心や体の健康のためにはむしろ健康的なのではないでしょうか。

結果として一日3000歩くらい歩けていれば、運動量としては十分だと私は思います。

60歳を過ぎたら〝今この瞬間〟を楽しむ

日本に限らず、世の中の教育とかしつけというのは、「アリとキリギリス」の寓話が象徴するような、今楽しんでばかりいるとあとで酷い目に遭う、今我慢すればあとでいいことがある、という精神が貫かれています。

若い頃、例えば受験生などであれば、そう言える部分もあるのかもしれませんが、60歳を過ぎてまでこの精神を貫くなんてことはとてもバカバカしいことだと私は思います。

こう言っては身も蓋もないですが、歳を重ねるほど、未来の可能性は目減りするわけで、60歳にとっての10年後、20年後というのは、思いがけず転倒して体の自由が利かなくなったり、すっかりボケてしまったり、最悪死んでしまったりしている可能性だってそれなりにあるわけで、「あとでいいことがある」可能性が確実に保証されているわけではありません。「いいこと」を先延ばしにして大事に取っておくことにメリットがあるのは、せいぜい10代、20代、ギリギリ30代くらいまでの話であって、年齢を重ねるほど下手に取っておいたことでかえって酷い目に遭う可能性は高くなるのです。

だからこそ、60歳を過ぎたら「アリとキリギリス」の話なんかは忘れて、今この瞬間を楽しむ活動をしたほうが絶対にいいというのが、私がさまざまな本で繰り返し主張している高齢者の生き方のセオリーです。

老後の不安を失くすには？

仮に人生が１００年だとすると、60歳の人にはあと40年、70歳の人にはあと30年という時間が残されています。

この時間を短いと考えるか、長いと考えるかはそれぞれの価値観にもよるでしょうが、一瞬で終わると考えられるほど短くもないので、先のことが気になってしまうのも仕方のないことかもしれません。

「認知症になったらどうしよう」「介護が必要になったらどうしよう」「がんになったらどうしよう」「生活が立ち行かなくなったらどうしよう」など、考え始めるとキリがありません。中には、「大きな地震がきたらどうしよう」などと、自分ではどうすることもできないことにまで不安を募らせている人もいるのではないでしょうか。

そもそも**不安ばかりが膨らんでいくのは、その不安に対する策を講じていないから**です。

「自分に認知症の兆候が見られたらまず何をするか」「介護が必要なときは介護保険をどう使うのか」「がんになったらどの医者に診てもらうか」「生活が苦しくなったらどのセーフティネットを利用するか」など、そういう対策をあらかじめ講じておけば、必要以上に不安を増幅させることは避けられます。

老化現象のがんを怖がりすぎない

がんが日本人の死因のトップであることは間違いないので、自分もがんになるのではないかと不安に思う人もいるでしょう。

がんが発生するメカニズムはまだ完全に解明されたわけではないのですが、細胞が複製される際のミスコピーに原因があるという説が現在のところ有力です。
それが正しいのであれば、そのミスコピーによって生じる「出来損ないの細胞」ががんのもとになるのですが、その多くはＮＫ細胞（ナチュラルキラー細胞）と呼ばれる免疫細胞によってがんになる前に退治されます。

ところが**年齢を重ねるにつれてＮＫ細胞の活性は下がり、逆にミスコピーのほうは生じやすくなるので、高齢者ほどがんになりやすくなる**のです。

そういう意味で言うと、若い人がかかる一部のがんを除けば、**がんというのは一種の老化現象**だということができます。二人に一人はがんになる時代などと言われますが、がん以外で死ぬことがなければ、遅かれ早かれ誰もががんになるということなのかもしれません。実際、私が勤めていた浴風会病院での解剖結果では、たとえ別の死因で亡くなったとしても、85歳以上の人には全員にがんがあったとされていました。

がんが老化現象なのだとすれば、予防するにしても限界はあります。また、がんが死因の第1位だとは言っても、全体の3分の1でしかなく、残りの3分の2の人は別の理由で亡くなっています。つまり、たとえがんになっても、寿命をまっとうすることにはたいして影響しないケースも多々あるわけで、そう考えると過剰に恐れることもないのではないでしょうか。不安になりすぎてストレスをためてしまうことは、免疫力を下げてがんのリスクをかえって上げてしまいますから、がんはいずれなるもの、といい意味で開き直り、おおらかに構えておくほうが明らかに健康的だと思います。

がんと診断されたときの対応を考えておく

むしろ考えておいたほうがいいのは、もしもがんだと診断されたときにどうい

う対応をするかということです。

がんというと、苦しい病気だというイメージがあるかもしれませんが、いわゆる末期と言われるステージ４で見つかったとしても、高齢者の場合はそこからの進行は緩やかなので、特に何もしなければ半年くらいはまあまあ元気でいられます。おそらくそのうち５か月くらいは仕事もできるくらいの体力はあるはずです。そもそもステージ４になるまで発見されないこと自体、顕著な症状が出にくい病気であることの証しでもあります。

ただし、治療を始めると、かなり苦しい思いをすることは残念ながら避けられません。もちろんそれによって余命は多少延びるのでしょうが、ＱＯＬも合わせて考えると、必ずしもそれがベストの選択とは言えないという考え方もあります。

もちろん若い世代であれば体力があり、またそれによって余命も長くなる可能性があるので、手術や抗がん剤治療を受けるほうが、メリットが大きいかもしれません。しかし、65歳以降であれば相当苦しい治療に耐えたとしても延ばせる余命はせいぜい1年くらいというケースのほうが圧倒的に多いと思います。

1年でも長く生きたいと考えるか、余命は多少短くなってもできるだけ最後まで普通に過ごしたいか、そのあたりは個人の価値観によるものなので、どちらが正しいというわけではありませんが、自分がどちらを選ぶのかは考えておいたほうがいいでしょう。70歳以上なら、80歳以上なら、など条件つきで考えるのもありだと思います。

仮にがんの診断を受けても治療はしないことを選ぶのであれば、がん検診はあえて受けないほうがいいかもしれません。下手に発見されてしまえば余命を突きつけられる可能性もあるわけですから、そうなるとその後の人生を心から楽しむのが難しくなります。治療しないという選択をするのであれば、最後まで楽しく過ごすためにも、知らぬが仏でいたほうが賢明だと私は思います。

子どもや孫に遺産を遺す必要はない

高齢者の貧困問題が叫ばれる一方で、個人の金融資産の６割を所有しているのも高齢者です。

もしもあなたが後者のケースなら、**子どもや孫には一切それを遺さないことにして、それを表明しておく**ことを私は強くお勧めします。

その理由の一つは、下手に遺産があれば、親族間の諍《いさか》いが起こりやすくなること。

そしてもう一つは、お金を遺してもらえると期待した子どもや孫が、あなたのお金の使い方に口出ししてくる可能性が高くなることです。

例えば、夫と死に別れたあなたが80歳くらいになって年下の男性と恋に落ちたとしましょう。そしてその人と結婚したいということになった場合、子どもや孫は「相手は財産目当てに違いない！」と言って反対する可能性はとても高いのです。つまり、お金が絡むことで、あなたの「やりたい放題」に横槍が入ってしまうのです。

状況としては確かに子どもの言うことも理解できなくはないのですが、それであなたが残りの人生で楽しい思いができるのであれば、構わないのではないでしょうか。しかもそのおかげですっかり若返って、さらに元気になるのであれば、財産を注ぎ込んだって無駄ではないでしょう。もちろん、子どもや孫からは文句を言われるに違いないですが、あなたのお金なのですから、自由に使う権利はあるはずです。

お金も使いたいときに使う

もちろん借金をしてまで貢ぐようなことは好ましいとは思えませんが、冒険していい範囲を決めて、その中で楽しむぶんには別に構わないのではないかと思うわけです。結局人生なんて楽しんだもん勝ちです。だから、変に慎重になったり、子どもや孫に遠慮したりせず、自分のやりたいことを貫けばいいのではないでしょうか。

そんな多額の資産はないという人も、60歳を過ぎたらお金は使えるときに使うという姿勢でいるほうが人生は充実します。先のことを考えて節約しながら生きている人は多いのですが、高齢者の場合、今と同じことが10年後もできるという保証は残念ながらありません。先ほども言ったように「いいこと」をやみくもに先延ばしにするとロクなことにはならず、お金を使いたくても使いようがないという事態にならないとも限らないのです。

だから、60歳以降は今の楽しみを犠牲にしてまでお金をため込む必要はないと思いますが、もちろんお金はあるに越したことはないのは確かです。

もしも多少なりとも余剰資金があるのなら、高齢者として新人のうちにシンプルでわかりやすく少額からでも取引できるインデックス投資などを始めておくのは良い考えだと思います。それなりに長期においておけば80～90歳になってからでも楽しむ軍資金くらいにはなるはずです。

新しいものには60代のうちに触れておこう

今、高齢者の入り口にいる人たちは、ある意味とてもラッキーな世代だと思います。

なぜならそれくらいの世代の人たちは、スマートフォン（スマホ）が普及し始めた頃がちょうど40代くらいなので、ほぼ全員が問題なくスマホを扱えるからです。

文明の利器と呼べるものは他にもたくさんありますが、今の時代、そしてこれからの時代はスマホを使いこなせるかどうかが生活の質を大きく左右するのは間違いありません。もちろん、スマホも今後さらなる進化を遂げるでしょうが、基本的な使い方が感覚的に身についていれば、おそらく80代くらいまでなら対応は可能です。

また、これからも便利に使える家電や自動運転の車などが次々と発表されると思いますが、そういう**新しいものにはできるだけ60代のうちに触れておくべきだ**と私は思います。なぜなら60代で覚えたことであれば、認知症にならない限り、80代でも間違いなく使えるからです。最近ニュースでも頻繁に取り上げられている「メタバース」や「ChatGPT」などの話にすでについていけていないという人も少なくないでしょうが、この先の人生を充実させるためにも、今のうちに体験しておくことを強くお勧めします。

多少ハードルが高そうに感じるものでも、70代、80代と年齢を重ねるにつれてそのハードルはもっと高くなりますし、とにかくやってみることが大事です。

第6章でもお話しした通り、そのような新しい挑戦は一種の実験なのですから、前頭葉を刺激するという効果も期待できます。

テクノロジーの進化で幸せな老後が待っている

「やりたい放題」の人生を送るにしても、若い頃とまったく同じようになんでもできるというわけにはいきません。誰だって歳を重ねるにつれて「できないこと」だって増えていきます。

いずれ足が動かなくなり、もしかすると寝たきりになる可能性だって決してゼロではありません。

そういう未来を想像すると落ち込んでしまいそうですが、考えたところで何が変わるわけでもないのですから、「なったらなったで仕方がない」と割り切ってしまうほうがむしろ得策だと私は思います。

また、そんな不安な未来の救世主として大いに期待できるのが、テクノロジーの進歩です。

例えば、人間のような国語力のあるＡＩの実用は２０２６年だと言われていましたが、予定より３年も早く、２０２３年に実用化しました。今後もすごいスピードでさまざまなものが発展していくでしょうから、歳を重ねて外出もままならなくなり、ずっと家に一人で過ごすことになったとしても、**話し相手になってく**

れて家事もすべてやってくれて、さらには介護までやってくれるようなロボットを、誰もが持てる時代が早々にやってくることだって十分期待できます。

しかもそれは、私たちがイメージする「ドウイウゴヨウデスカ」といういかにもロボットという話し方をするものではなく、俳優の福山雅治《ふくやままさはる》さんみたいな声で、「俺は何すればいい？」なんて聞いてくれる仕様になっているかもしれません。

3Dプリンターもすごい勢いで進化していますから、見かけまで福山雅治さんにカスタマイズできる可能性もあります。

福山雅治さんのような見かけで、福山雅治さんのような声のロボットが、かいがいしく毎日世話を焼いてくれるのなら、寝たきりになるのも案外悪くないなと思う方もいるのではないでしょうか。

コンピューターの中に3次元の仮想空間を構築するメタバースも2030年までには一気に普及すると言われています。またVR技術を使ったヴァーチャル旅行のサービスはすでに始まっていますから、この先寝たきりになったとしても、海外旅行を諦めることはありません。遠隔で触感を得られる技術の実用化も近いそうですし、今後、嗅覚や味覚を刺激することも可能になれば、**ごちそうを食べる体験**までできることになります。

つまり、実際の未来はこのようなテクノロジーの力を存分に活用できるはずなので、実は捨てたものではありません。むしろ今より、ワクワクできることが増えている可能性だってあるのです。

幸せそうに生きるのが高齢者の使命

医療にしたって、かなり進歩している可能性は高く、例えばがんだって苦しい治療なしに簡単に治せる時代になるかもしれないわけです。もちろんそうならない可能性だってありますが、いずれにしても今のうちから先のことを心配するより、未来のことは未来に任せ、今を全力で楽しむ姿勢をぜひ持ち続けてください。実際、先のことばかり心配する人より、**今だけを考えて生きている人のほうが、余計なストレスもかからないので、結果として長生きできる可能性が高い**のです。

また、歳をとったからといって引け目を感じたり、遠慮する必要などまったくなくて、むしろ生き生きとファッショナブルにカッコよく、そして幸せそうに生きる姿を見せることこそが、高齢者の使命であり、義務でもあると思います。

なぜなら、そういう高齢者の姿というのは、若い人たちにとって未来の希望だからです。ああ、歳をとるって幸せなことなんだな、と若い人たちに思わせてあげれば、彼らだって今よりずっと元気になるに違いありません。

そうやってみんなが元気になれば、何かと問題だらけの日本の社会だってもっと良くなっていくはずです。

「『第2の人生』を無理なく楽しく生きる」ための7か条

《《《

本書の締めくくりとして、『第2の人生』を無理なく楽しく生きる」ための7か条を記させていただきます。本編の内容の繰り返しになりますが、この7か条だけでも、これからの長い「第2の人生」でぜひ何度も読み返してほしいという気持ちを込めてまとめました。

1. 増える男性ホルモンに身を任せる

更年期以降の女性は、女性ホルモンの分泌が徐々に減っていくのに対し、男性ホルモン量は増えるので、より意欲的に、そして活動的になります。「やりたい放題」に生きるポテンシャルが高まるとも言えるので、そのポテンシャルを活かし、ずっとやってみたかったことや、興味をそそられることに、どんどんチャレンジしていきましょう。いかにもシニアな趣味にこだわる必要も、年齢だけを理由に諦める必要もありません。海外移住や海外での就職など、一見難しいと思えることであっても、「やろうと思えばなんでもやれる！」の精神で、怯《ひる》むことなく挑戦してみてください。

また、おしゃれに定年はありませんから、ファッションやメイクも、年齢や人目を気にせず、自分の好きなように楽しみましょう。ド派手な服を着るとか金髪にするといった冒険も躊躇する必要はありません。プチ整形も、それをやることで自分に自信が持てるようになるのなら、思い切ってやってみてもいいのではないでしょうか。

人付き合いを後押しする男性ホルモンの力で、若い頃は引っ込み思案だったという方も自分でも驚くほど社交的になれるので、新しい友人をつくりやすくなります。気の合う友人との交流は、心身の健康に良い影響を与え、第2の人生をより豊かにしてくれるので、いろんなところに出かけて行って、積極的な友人づくりに励んでください。同じ趣味の人などは話が合いやすく、声もかけやすいと思います。

男性ホルモンの影響で、性欲や異性への関心が増す人もいますが、それを恥ずかしがることはありません。最近はやりの推し活も大賛成です。人付き合いや恋心、あるいは推し活などによって、おしゃれを必要とする機会をたくさん持つことは、心や体を若返らせる秘訣にもなりますので、常識にとらわれたりせず、自由に楽しんでください。

2. 義務感にとらわれない

長年連れ添ったからといって、第2の人生でも夫に尽くし続ける必要はありません。子育てを経験した女性は特に、「誰かの面倒を見る」ことを当たり前のこととして受け入れてしまいがちですが、夫の世話は決して義務ではありません。定年を過ぎてたいして稼ぐこともなくなった夫であればなおさらです。

だから「夫に尽くすことが楽しくて仕方がない」という人以外は60歳を機に、「家事は半々にする」「昼食はそれぞれ自分で用意する」などのルールを決めて、自分が一方的に尽くすとか、仕方なく面倒を見る、という夫婦関係から脱却しましょう。

また、自由になろうとするまさにそのタイミングで、年齢的に「親の介護問題」に直面しがちですが、女性ばかりにその負担がのしかかっている現状は、自ら変えようとしない限り、変わることはありません。

「家族が親の介護をするのは当たり前」という空気が日本には根強く流れていますが、それは単なる封建制度の名残です。テレビなどでは古めかしい道徳観を振りかざし、献身的に親の介護をしている人の様子を美しい話として紹介したりしていますが、介護の実態は決して甘いものではありません。特に女性は「完璧にやらなければ」と自分を追い込んでしまうケースが多いので、その結果、肉体的にも精神的にも大きな負担がかかってしまいます。

そもそも「介護施設に入れるのはかわいそう」というのは完全な思い込みです。

プロが行う介護と素人である個人の介護とでは、そのクオリティに大きな差があり、当たり前ですが公的な介護に頼るほうが明らかにより良いケアが受けられます。

中には介護施設で虐待に遭ったりしたら……という心配をする人もいるかもしれませんが、実は介護従事者による虐待より、家族や親族による虐待の件数のほうが圧倒的に多いのは統計上も明らかです。

虐待にまでは至らないにしても家族で行う介護は感情的なもつれにつながりやすく、お互いにストレスを溜める結果になりかねません。

だから、親を施設に入れること自体は必ずしも親不孝などではありません。一切会いに行かず施設に任せっぱなしというのは論外だとしても、定期的に会いに行って一緒に時間を過ごしたりするのなら、施設に入れることのほうが介護する側だけでなく、介護される側にとっても幸せな選択だと思えるのではないでしょうか。

自分の人生を生きるためにも、「親の介護をするのは当たり前」という思い込みは手放して、第三者に委託する手段を積極的に講じてください。

3. お金の心配より働く楽しみを

メディアが過剰に煽るので、老後は生活が困窮するのではないかという不安を抱いている人が多いのですが、過剰なお金の心配は不要であると私は思っています。介護保険制度ができたおかげで、仮に一人暮らしで介護が必要になったとしても、要介護認定されれば公的な介護支援を安価で受けられますし、年金の範囲内で入れる特養もあります。介護費用というとものすごく高額なイメージがありますが、制度をうまく使えば負担はさほど大きくありません。

少なくとも60代のうちはまだまだ体力がありますし、積極的に働くのもいいでしょう。やはり先立つものがないと、どうしてもやりたいことが制限されてしまいますが、「お金がないからやりたいことを諦める」のではなく、「やりたいことをやるためにお金を稼ぐ」という発想が必要です。仕事自体で高収入を得るのは難しくても年金と合わせればかなりの金銭的余裕が生まれるはずです。心身の健康に良い影響を及ぼすというのも働くことの見逃せないメリットです。

仕事が見つかるか不安だという人もいますが、心配には及びません。今や、空前の人手不足ですし、例えば長く専業主婦を続けてきた人などは家事代行サービス業界では貴重な戦力になるはずです。ニーズの高い介護職は、比較的簡単に取得できる「介護職員初任者研修（旧ヘルパー2級）」を持っていればより良い条件で働けます。

ただし仕事を探すときは、「それを楽しいと思える」とか「それをやって楽しめる」など、お金以外の目的が持てる仕事を選びましょう。「嫌なことはやらない」のが60歳以降の生き方の鉄則なので、実際にやってみたら合わなくてストレスになるようならさっさと辞める決断を。

また、60歳以降はお金を貯め込むことより、お金を使って楽しむ喜びを得ることのほうが大事です。ある程度お金が貯まったら、少し贅沢な旅行に出かけるなどして、いい意味で「散財」し、楽しむために働くというサイクルにするほうが楽しくて充実した人生になります。

もう一つ大事なのは、子孫にお金を残そうとしないこと。そしてそれを表明しておくことです。あなたのお金はあなたのものなのですから、自由に使う権利があります。下手に遺そうとすると遺される側からの横槍が入りやすく、「やりたい放題」に生きられなくなる危険があります。

4. 嫌な人付き合いはやめる

ストレスは健康長寿の大敵ですが、その最大の原因になることが多いのが人付き合いです。だから、「嫌な人とは付き合わない」ことは「やりたい放題」の人生のためにも、そして健康を維持して長生きするためにも欠かすことができない心がけです。

夫に嫌気がさしているのなら、無理に一緒にいる必要はありません。婚姻関係は維持したまま別居するという選択もありますが、熟年離婚も今や珍しいことではありません。別れたい気持ちはあっても、いざ離婚するとなると生活が立ち行かなくなりそうで不安だという方も多いでしょうが、仮に離婚をしたとしても、法律はかなり女性が有利になるよう改正されているので、それをうまく味方にすれば、金銭的な困窮は避けられる可能性が高いのです。

しかも離婚したからといってこの先ずっと一人だとは限りません。60歳以降は同世代以上の男性にとてもモテるので、新たなパートナーを見つけるための熟年婚活に励む手もあります。

また、若い頃と違って無理してまで維持するメリットがあるコミュニティなどありませんから、わざわざ嫌な思いをしてそこに執着する意味はありません。長い付き合いの仕事仲間やママ友仲間から離れたところで困ることはなにもないので、一緒にいて楽しいと感じられないのなら自分から距離を置くようにしましょう。

60歳以降の人付き合いは、社会適応のためのものではなく、楽しむためのもの。だから、その人といると幸せを感じられる人とだけ付き合っていけばいいのです。

5．体型を気にせず、十分な栄養を摂る

美容面だけでなく健康のためにも太りすぎは良くないという思い込みがありますが、「小太り」くらいの人のほうが長生きできることはさまざまなデータから明らかです。また、年齢とともに代謝が落ちて太りやすくなるのは自然なことなので、60歳以降は痩せることにこだわる必要はありません。

むしろ心配なのは、「痩せ気味」とされる人たちです。どれだけ食べても太らないという方は別ですが、無理なダイエットをして痩せた場合、栄養不足による

体へのダメージは歳を重ねるごとに深刻になることを覚えておいてください。

若い頃は多少の栄養不足などもろともしませんが、高齢になると栄養が少しでも足りていないことに体は敏感に反応します。つまり、必要量に足りていない栄養素があれば、さまざまな不調が体に現れやすくなるということです。

摂りすぎは良くないとされる塩分や糖分も不足すると当然弊害が出てきます。そしてその弊害も高齢者になるほど重篤になりやすいことを忘れてはいけません。少なくとも「食べない」ダイエットは高齢者には厳禁なので、「痩せ信仰」からはどうか自由になってください。

そもそも食は人間にとってかなり大事な楽しみです。自分がおいしいと思うものを食べることこそが喜びとなり、それが健康にも良い影響を与えることは間違いありません。過食もストレスに原因があることがほとんどなので、無理なダイエットをすれば、かえって太りやすくなるものです。

また、たんぱく質は、「幸せホルモン」の原料となるので、老化を遅らせて、若々しい体を維持するためだけでなく、心の健康のためにもたっぷり摂りましょう。年齢とともに吸収効率が下がるので、必要量（1日に自身の体重の数値分のグラム数）の1・2倍程度を目安に摂るのが理想的です。食が細くなって1回に多く食べられない人も、食事では肉や魚などたんぱく質を多く含むものを優先して摂り、炭水化物（糖質）は、間食で補給するようにするといいと思います。

栄養素の不足を避けたい高齢者の場合、健康に良いとされるものをせっせと食べるより、いろんなものをバランスよく食べる、いわば「雑食」のほうが大事です。今まで食べたことのないものにチャレンジしてみるのは、体の健康のためだけでなく、好奇心を刺激するという意味で脳の老化防止にも効果があります。

6. 医者の言いなりにならない

老化すること自体は避けられませんし、歳とともに病気のリスクが上がることも事実ですが、適切な対処法を知っていれば、病気を予防したり早めに治療したり、老化を遅らせることもできます。

ただし、医者の言うことに従っていればそれがベストかと言えば、決してそうではありません。常に勉強を欠かさず、最新の知見に積極的にアクセスしようとする医者は驚くほど少なく、中には古い知識のまま、患者に間違った指導をしているケースが多々あるからです。下手な医者より、ネットで患者さん自身が調べる統計データのほうが余程当てになると私は思います。

その意味で言うと、血圧や血糖値を薬でむやみに下げさせようとする医者は要注意かもしれません。

確かにこれらの数値が高いことの弊害はありますが、薬を使って無理に下げたことによる副作用は決して無視することができないからです。具体的には、血圧が下がったせいで頭がぼーっとして働かなくなったり、血糖値を下げる薬のせいで低血糖状態となってふらつく時間帯が生まれたりといった症状が現れやすくなるのです。

そうなると生活の質は明らかに下がりますので、やりたいことが思うようにできないといったことにもなりかねません。だから血圧や血糖値に関しては医者の言いなりになってやみくもに下げればいいというわけではなく、自分にとってどれくらいがもっとも体調がいいのかをよく考えるべきだと思います。

コレステロールに関しても動脈硬化や心筋梗塞のリスクを下げるという目的のために、「正常」と呼ばれる値にまで無理に下げさせようとする医者がいまだに多いのですが、女性の場合、心筋梗塞で亡くなるリスクはもともと高くありません。だから、無理に下げたところでメリットはないのです。ところが、下げたことによるデメリットのほうは、男性ホルモンが減って意欲がなくなる、女性ホルモンの減少を加速させて肌のツヤがなくなったり骨粗鬆症になりやすくなったりする、体内のセロトニンがうまく脳まで運ばれなくなり「うつ」になりやすくなる、さらには免疫力が低下して感染症にかかりやすくなる、がんのリスクも高まるなど、挙げればキリがありません。「悪玉コレステロール」という名前に惑わされがちですが、「悪玉」だと呼んでいるのは循環器内科の医者だけです。また、コレステロールを下げるとなると肉食を制限する必要が出てきますが、高齢者の場合は食を制限することでの弊害も大きいことはすでに述べた通りです。

近年、日本の医療は専門分化が進んでいるので、自分の守備範囲の医療には詳しくても専門外のことに関しては学ぼうとしない、つまり、総合的に診てくれる医者が圧倒的に少なくなっています。そのせいで、あちこちに不調を抱えがちな高齢者は、いろんな医者を渡り歩くことになり、しかも教科書通りの診察しかできない医者からマニュアル通りの薬を処方されて薬漬けになってしまうという大きな問題が起きています。多くの薬を飲むことによる弊害はほとんど検証されていないのが実情ですが、5種類以上の薬を飲むと転倒の危険が倍になることはわかっています。薬を飲むとかえって体調が悪くなるようなときは、我慢して飲み続けるのではなく、処方した医師に相談することが大事です。

不安や疑問があるにもかかわらず、言いたいことを言えず、ただ言われた通りにしてしまう人は多いのですが、遠慮せずに、言いたいことは言い、聞きたいことは聞きましょう。ちゃんと話を聞いてくれないような医者とは無理に付き合う必要はありません。さっさと切り捨てて、別のいい医者を見つけてください。

本当の意味で高齢者の体を守ってくれるのは、高齢者の事情をよく理解したうえで、できるだけ苦痛なくそして生活の質を落とさずにいられるかを親身になって考えてくれる医者だけです。

7.「やりたい放題」でいろいろなことにチャレンジ

歳をとっても思考力や記憶力、判断力を衰えさせないコツは前頭葉という脳の部位をサボらせないことです。

前頭葉をしっかりと働かせるためには、いつも自分の頭で考える癖をつけることが大前提ですが、より活性化させるのにお勧めなのは、毎日が実験だと思って、新しい場所に行ったり、初めてやることや難しそうに思えることにもどんどん挑戦することです。そうやって前頭葉が若々しく保たれていれば、何事に対しても意欲的になれるので、生きることがどんどん楽しくなっていきます。高齢になっても生き生きと輝いていけるかどうかは、前頭葉の若さにかかっていると言っても過言ではありません。

また、脳のパフォーマンスを維持するには、数独やパズルなどピンポイントで鍛えるより、脳をいろんなかたちで使うことが大事です。そういう意味で言えば、さまざまタスクが組み合わさる家事や仕事は、実は最高の脳トレなのです。

アウトプット主体で脳を使うことでも、脳は大いに活性化されます。本で読んだ内容を友人に話すのもいいですが、ブログやYouTubeなどで不特定多数の人に発信していくというのも面白いのではないでしょうか。これまでどちらかというとインプットタイプだったという方も60歳を機に、ぜひアウトプット型に切り替えてみてください。そうすれば若々しい脳が保たれるのみならず、第2の人生が圧倒的に楽しくなるに違いありません。

高齢女性にとって気を付けるべきリスクは「うつ」を発症しやすいことですが、物事を「白か黒か」「100点か0点」のように極端に分けてしまう「二分割思考」や「こうでなければならない」と杓子定規的に考える「かくあるべし思考」のような不適応思考が染み付いている人は特に注意が必要です。完璧主義の発想や人の目を気にする癖を意識的に手放して、嫌なことはやらない「やりたい放題」の生き方を心がけるようにすれば、メンタルも安定するので、うつを遠ざけることができるでしょう。

医者が指導してくる「健康な生き方」より、心の健康を第一に考える「自由な生き方」こそが、楽しくて面白くて真に幸せな第2の人生をもたらしてくれます。

この7か条が、みなさんが無用なしがらみにとらわれず、「やりたい放題」生きるための後押しとなりましたら幸甚の至りです。それでは、「本当の自分の人生」を存分に満喫しましょう。

和田秀樹（わだ ひでき）
1960年、大阪府生まれ。東京大学医学部卒業。精神科医。東京大学医学部附属病院精神神経科助手、米国カール・メニンガー精神医学校国際フェローを経て、現在、和田秀樹 こころと体のクリニック院長。高齢者専門の精神科医として、30年以上にわたって高齢者医療の現場に携わっている。ベストセラー『80歳の壁』（幻冬舎）、『70歳が老化の分かれ道』（詩想社）、『60歳からはやりたい放題』『90歳の幸福論』『60歳からはやりたい放題［実践編］』『医者という病』（扶桑社）など著書多数。

デザイン／塚原麻衣子
構成／熊本りか

扶桑社新書 496

60歳から女性はもっとやりたい放題

発行日 2024年5月1日　初版第1刷発行

著　　者………和田秀樹
発 行 者………小池英彦
発 行 所………株式会社 扶桑社
〒105-8070
東京都港区海岸1-2-20 汐留ビルディング
電話　03-5843-8842（編集）
03-5843-8143（メールセンター）
www.fusosha.co.jp

印刷・製本………株式会社 広済堂ネクスト

Printed in Japan　ISBN 978-4-594-09729-5